公文写作点津
（增订版）

王永鉴 著

上海文化出版社

目　录

增订版前言

2013年初，上海咬文嚼字文化传播有限公司计划出版"社会语言书系"，每本书的字数要求基本相同。同年7月，《公文写作点津》出版，出版后受到了有关方面和广大读者的欢迎和好评。在每年举办的上海书展上，《公文写作点津》都引起读者关注；上海市人民政府办公厅举办政府系统文秘培训，将其作为主要教材；上海市新录用公务员培训，将其列为辅助读物；很多单位组织业务培训，也将其作为参阅用书；不少读者在工作中，经常查阅它。随着时间的推移、情况的变化，也有读者提出，希望此书增补和完善内容，以更好地适应需要。根据读者的意见和出版单位的要求，笔者对此书做了增订，主要是补齐了15种公文的写法和实例，增加了10种常用的其他文书即非公文的简况、写法和实例，还修改了一些案例。同时，对原书中的一些文字做了适当调整。与原书相比，《公文写作点津（增订版）》的内容扩充了一倍有余。

文件包括公文乃"经国之枢机，为政之先要"。对机关和很多企事业单位来说，文件是工作载体之一，写作是一种工作常态。笔者与诸多同事、同行一样，深耕机关、挥散汗水，履行职责、践行理想，把中央的决策指示、上级的部署要求、领导的思路意图、群众的需求呼声融入字里行间，努力使文件发挥应有的作用，体现应有的效能。

通过长期的实践，笔者对起草、审核文件特别是公文，完成交办任务，当好参谋助手，有三点感悟和体会。其一，就是宋代苏东坡的词句，"有笔头千字，胸中万卷；致君尧舜，此事何难"（《沁园春·孤馆灯青》）。只要多读书，勤练笔，不懈努力，不断进取，写出符合要求的文件，更好地服务领导、服务群众、服务社会，并非难事。因此，要有信心，要有定力，要有毅力。其二，就是唐代李贺的诗句，"寻章摘句老雕虫，晓月当帘挂玉弓"（《南园十三首·其六》）。围绕文件起草，要多读多看、博闻强记。大政方针、重要精神、最新提法要及时把握，有关数字数据要烂熟于心。可以通过笔记摘要、剪报留存、电脑打包等多种形式积累所需的材料，一些观点要点要能随时找到出处。即便有时读书学习废寝忘食，拟稿核稿挑灯夜战，也都甘之如饴，以苦为乐。其三，就是唐代杜甫的诗句，"别裁伪体亲风雅，转益多师是汝师"（《戏为六绝句》）。写好文件，广泛阅读十分必要，但要注意区别和裁剪。凡是好的东西、有价值的东西、管用的东西，要尽可能吸收、借鉴。同时，要多向领导学习，向同事、同行学习，向群众学习，还要向前辈学习，向先贤学习，他们都是老师。要取众之长，补己之短。

希望《公文写作点津（增订版）》对读者朋友的工作有所

裨益。

让我们牢记初心使命，继续奋力前行，奉献伟大时代，书写美好人生。

王永鉴

2021年1月于沪上

前　言

　　公务文书，是指机关、企业、事业单位及社会团体在处理公共事务、开展公务活动中经常应用的各类文书，也可以泛称为"文件"。它通常包括这样几类：第一类是公文，如请示、报告。第二类是法规性文件，如条例、规定。第三类是常用经济类文书，如合同、协议书。第四类是常用事务类文书，如计划、总结。第五类是礼仪明事类文书，如贺信、启事。其中，第二类至第五类为其他文书，可以统称为"非公文"。

　　就公文而言，它是机关、企业、事业单位和社会团体经常使用的一种文体，但对它的具体规定，中国共产党机关和国家行政机关（以下简称"党政机关"）、国家权力机关、国家军事机关、国家司法机关各有不同。2012年4月16日中共中央办公厅、国务院办公厅印发《党政机关公文处理工作条例》（以下简称《条例》），自同年7月1日起执行。《条例》总的精神是，"党政公文一体化"。《条例》对党政机关公文种类、公文格式、行文规则、公文拟制、公文办理、公文管理等做了统一规定。其他机关和单位的公文处理工作，可以参照《条例》执行。

　　机关工作主要载体，有人归纳为"文、会、报"，这很生动，也很概括。"文"指的是文件，"会"指的是会议，"报"

指的是简报。的确，在机关工作，更多地是与文件、会议、简报打交道，这就要求工作人员具有一定的政治素养、业务本领和文字功底，能够熟练地起草文件、办理会务、编发简报。

文件特别是公文也是一种工具，在党政机关工作中发挥着十分重要的作用。它具有鲜明的政策性、法定的权威性、严格的规范性、很强的实用性等特点，这就要求其具有很高的质量。这样，才能很好地传达、贯彻上级的部署，领会、落实领导的意图，反映工作情况、突发事件和需要上级帮助解决的问题，促进机关之间的协调沟通，便于日常事务的办理，加强党政机关与社会的联系，更好地服务社会和人民群众。古人言，"文可安邦"。古人把文章的重要性上升到这样一个高度，我们也应该把对公文质量重要性的认识上升到一个相应的高度。

由党政机关依法制作和发出的公文，体现的是党政机关的领导力、执行力、公信力、影响力。俗话说，"一字入公文，九牛拔不出"。公文在其形成阶段，必须做到精心构思，严密组织，字斟句酌，反复推敲，确保正式发出后，达到预期的目的和理想的效果。

一位老领导当年在上海任市长时说过，"公文是脸面"。由此想到，一篇公文，往往代表一个机关的形象。一个机关发出的公文质量高，可以说明这个机关领导重视，工作人员努力，工作严谨，程序规范，办事效率高，服务水平高。反之，则说明有问题。

古人常用"羽毛"来比喻人的名誉。在日常工作中，我们要爱惜羽毛，通过提高公文质量，来维护机关和领导的名声，维护起草者的名声，推动机关工作有序运转、公务活动正常开展和日常事务有效处理。要增强质量意识，让质量扎根于心、落实于行、体现于文。

史料记载，解放战争时期和新中国成立初期，在军队和中央西南局（机关设在重庆）工作的邓小平同志向中央写的报告，多次受到毛主席的夸奖。毛主席说，看小平的报告，就好像吃冰糖葫芦。这是对邓小平同志的工作能力和写作水平的十分形象又恰如其分的评价。

邓小平同志的报告有三个特点：一是主题、目的明确，能够简明扼要地写出中央需要了解的内容；二是语言精炼、朴实，干净利落；三是写得符合实际，切实可行。邓小平同志报告的这三个特点，就是公文质量的三条标准。

汉代司马迁所著《史记》中有这样一句话："《诗》有之，'高山仰止，景行行止'。虽不能至，然心向往之。"这句话原是作者用来赞扬孔子的，我们可以用此来表达对邓小平同志的敬慕之情。我们要以邓小平同志为榜样，在提高公文质量上花大力气，下苦功夫。

有着"中共中央一支笔"之称的胡乔木同志在1958年3月4日全国政协召开的写文件方法座谈会上的讲话中指出，文件要合乎三个要求：一是要有吸引人的力量；二是要使人看得懂；三是要能说服人、打动人。胡乔木同志提出的这三个要求，对我们起草公文、提高公文质量，也有借鉴和帮助。

现在，对公文质量的认识，存在着两种偏差。一种是，认为机关的级别高，公文质量要求就高；机关的级别低，公文质量要求可以降低。这种观点是片面的。公文质量的高低，与机关级别的高低没有对应关系。机关的级别不论高低，其公文质量要求应该是一样的，没有区别。级别高的机关需要高质量的公文，级别低的机关也需要高质量的公文。另一种是，公文主要是用来解决实际问题的，一般来说都比较急，有着时限要求。在这种情况下，公文只要把意思表达出来就可以了，没必要仔细修改，再说时间也不允许。这种观点也是片面的。可以说，一份公文质量高，言简意赅，上级机关办理起来就很便捷，下级单位执行起来就很顺畅，平行机关和单位处理起来就很容易。否则，"欲速则不达"。如果机关和单位收到的公文质量差，以致内容都看不清、看不懂，又怎么能及时、有效地予以办理、处理或者执行呢？从这个意义上说，与人方便，就是与己方便。提高公文质量，实际上是"双赢"的结果。

提高公文质量，一是要加强领导，明确责任。机关负责人要对公文质量负主要责任，对重要公文，要由机关负责人主持和指导。同时，明确不同岗位和人员的具体责任，实行层层负责、道道把关。二是要完善制度，细化规范。各机关可以结合实际，制定、修订公文处理办法、公文拟写规范、公文审核规范等，并据此严格管理，防止出现问题。三是要开展培训，增强内功。要通过不断培训，使工作人员掌握科学的方法和过硬的本领，胜任公文起草工作，很好履行职责。四是要加强检查，及时考评。可以将公文质量纳入机关工作考核范围，对公文质量高的机关和写作水平高的人员，给予表扬、奖励，对公文质量问题严重的单位和工作马虎的人员，给予批评、教育，以利形成优化公文质量、提高写作水平和办事效率的良好风气。

第一章　公文的基本情况

　　作为公文，一般来说具有三个标志。一是套红头，即人们常说的"红头文件"。二是编文号，如：国发〔2009〕19号。三是盖公章（个别公文除外）。这样，就从直观上将公文与其他文书即非公文区分开来。非公文如果单独使用，显然不具有或者不全部具有这三个标志。

　　一般来说，"行文行公文"。这就是说，无论对上级，还是对平级、下级，凡正式行文，都必须使用公文。现实工作中，如果有的单位要将非公文纳入公文正式发出，有个办法，就是通过公文来批转、转发、印发或者上报、报送，此时，非公文被称为"附件"，而公文则成为"主件"。这样，主件、附件连为一体。被批转、转发、印发或者上报、报送的非公文，就成为公文的组成部分。如有一《××单位关于上报2012年工作总结的报告》，从公文标题来看，该单位是以报告这一公文来上报总结这一非公文，该报告作为主件，包含着作为附件的2012年工作总结。

第一节　公文种类及其适用范围

一、公文种类

根据《条例》，公文种类主要有15种。按照行文流向，可以分为上行文、平行文、下行文。

上行文：请示、报告、意见。

平行文：函、通知、纪要、议案、意见。其中，意见是重复使用。

下行文：命令（令）、决定、公告、通告、通报、批复、决议、公报、意见、通知、纪要。其中，意见、通知、纪要也是重复使用。

上述15种公文中，意见既可以做上行文，又可以做平行文、下行文。但实际应用中，意见通常不作为上行文，因为向上级提意见，给人感觉不适宜。意见做平行文、下行文可以，且做下行文居多。

通知、纪要既可以做平行文，又可以做下行文，且做下行文居多。

通知从内容上看，可以分为指令性和告知性这两种。通知作平行文使用时，只能是告知性；作下行文使用时，指令性、告知性都可以。

纪要分为交流性和决策性这两种。纪要作平行文使用时，一般是交流性；作下行文使用时，更多是决策性。

此外，议案为行政机关专用的一种文种，党的机关不使用。

起草公文，必须准确地把握公文文种。"文种一错，一错百错。"为此，起草公文时，可以先"三定"：一是认定关系，看收文方是发文方的上级、平级还是下级。二是选定文种，收文方如果是上级，就在上行文中选择文种；如果是平级（双方不相隶属），就在平行文中选择文种；收文方如果是下级，就在下行文中选择文种。三是确定内容，文种一旦选定，就可以准备动笔。比如说，某部门一位同志接到领导的布置，以本部门的名义起草一公文，就某一事项报请市政府审批。从"三定"考虑，那这位同志很快就可以断定，应该是上行文；既然要审批，那就应该写请示。接着，再确定请示写哪几个部分。

二、适用范围

15种公文，有着不同的用途。根据《条例》，其具体适用范围如下：

（一）请示。适用于向上级机关请求指示、批准。

（二）报告。适用于向上级机关汇报工作、反映情况，回复上级机关的询问。

（三）意见。适用于对重要问题提出见解和处理办法。

（四）函。适用于不相隶属机关之间商洽工作、询问和答复问题、请求批准和答复审批事项。

（五）通知。适用于发布、传达要求下级机关执行和有关单位周知或者执行的事项，批转、转发公文。

（六）纪要。适用于记载会议主要情况和议定事项。

（七）议案。适用于各级人民政府按照法律程序向同级人民代表大会或者人民代表大会常务委员会提请审议事项。

（八）命令（令）。适用于公布行政法规和规章、宣布施行重大强制性措施、批准授予和晋升衔级、嘉奖有关单位和人员。

（九）决定。适用于对重要事项做出决策和部署、奖惩有关单位和人员、变更或者撤销下级机关不适当的决定事项。

（十）公告。适用于向国内外宣布重要事项或者法定事项。

（十一）通告。适用于在一定范围内公布应当遵守或者周知的事项。

（十二）通报。适用于表彰先进、批评错误、传达重要精神和告知重要情况。

（十三）批复。适用于答复下级机关请示事项。

（十四）决议。适用于会议讨论通过的重大决策事项。

（十五）公报。适用于公布重要决定或者重大事项。

需要说明的是，在实际工作中，正常的人事任免，通常使用通知，这属告知性通知。向上级报送文件或者其他材料，不需要上级审批，通常使用报告。

第二节　几组容易用错的公文

不同的公文，有着不同的用途。但在实际工作中，有时会用错。有的是不了解各类公文的具体用途，也有的是对几组公文具体用途的差别不太清楚。这里，重点对常见的也是容易搞错的五组公文的区别做一简要说明。

一、命令（令）与决定

从嘉奖、惩罚来看，命令（令）只适用于嘉奖单位和人员，而决定既适用于嘉奖单位和人员，也适用于惩罚单位和人员。此外，用命令（令）来嘉奖的比用决定来嘉奖的层次要高。

二、公告与通告

公告、通告都是广而告之。但公告的适用范围大，面向国内外；通告的适用范围小，面向国内一个地区、一个部门、一个系统、一个单位。

三、意见与通知

意见与通知都可以用来部署、安排工作。但意见带有参考性，有一定回旋余地；通知具有指令性，必须不折不扣按照执行。

四、决议与纪要

两者都与会议有关。决议一般用于大会或十分重要的会议，通常党的机关使用较多；纪要多半用于小会、例行的会议，当然也是重要的会议，党政机关都使用。

五、请示与报告

一般有六个区别：

一是行文时间不同。请示必在事前；报告可以事前，可以事中，也可以事后。

二是行文范围不同。请示必须"一文一事"；报告既可以"一文一事"，又可以"一文多事"。

三是行文重心不同。请示说理多，报告叙事多。

四是行文程序不同。请示尽可能事先经过横向协调，报告没有这个必要。

五是行文目的不同。请示是请求上级机关指示、批准；报告是向上级机关汇报工作、反映情况、答复询问，还可以向上级机关报送文件。

六是上级机关处理方式不同。对请示，上级机关一定批复；对报告，上级机关不批复。

第三节　公文的格式

格式，是指文章的规格式样。公文不同于其他文章，有着特定的格式。根据《条例》和2012年6月29日国家质检总局、国家标准化管委会发布，2012年7月1日起实施的《党政机关公文格式》等的规定，党政机关公文格式要素，包括份号、密级和保密期限、紧急程度、发文机关标志、发文字号、签发人、标题、主送机关、正文、附件说明、发文机关署名和印章、成文日期、附注、附件、抄送机关、印发机关和印发日期、页码等。各要素通常按照文头、文中、文尾这样三部分编排。

一、文头

文头，也称为"版头"，公文首页红色分隔线以上的部分。

在文头部分，必须有的要素依次为：发文机关标志、发文字号。

（一）发文机关标志，由发文机关全称或者规范化简称加"文件"二字组成，也可以使用发文机关全称或者规范化简称不加"文件"二字。发文机关标志居中排布，一般使用小标宋体字，颜色为红色，体现醒目、美观和庄重。

联合行文时，既可以同时标注联合发文机关名称，也可以单独标注主办机关名称。如果需要同时标注几个发文机关名称，一般将主办机关名称排列在前，其他几个机关依次往下排列。如果有"文件"二字，置于"发文机关"右侧，以几个发文机关名称为准，上下居中排布。

（二）发文字号，由单位代字+年份+发文顺序号组成。如国务院下发的一公文的发文字号为：国发〔2012〕29号。这里，需要强调的是，单位代字要简洁、明了；年份要写全，"2012"不能写成"12"；年份外面用六角括号〔〕，不能用圆括号（）、方括号〔〕、尖括号<>；发文顺序号前不加"第"字，不设虚位，即"1号"不能写成"第1号"或者"01号"。

联合行文时，使用主办机关的发文字号。

发文字号位于单位标志下面。在平行文和下行文中，它居中标注；下面将提到，上行文要标注签发人姓名，此时，它就居左空一字标注，签发人姓名居右空一字标注，两者处在同一行。

在文头部分，可能有的要素为：份号、密级和保密期限、紧急程度、签发人。

（一）份号。它是公文印制份数的顺序号。涉密公文应当标注，一般使用六位阿拉伯数字，可以设虚位。如，"000049"，它顶格标注在文头左上角第一行。

（二）密级和保密期限。它表明公文的秘密等级和保密时间。公文的秘密等级分为"绝密""机密""秘密"三个等级。其中，绝密通常保密30年，机密通常保密20年，秘密通常保密10年。密级和保密期限标注在文头左上角第二行，如：

绝密★30年。其中，"绝密"代表密级，"30年"代表保密期限，中间用实心五角星相隔。但可能一份公文保密程度最高，为绝密，而保密时间却不需要30年，3年就可以了。这样，密级和保密期限的编排则为：绝密★3年。就是说，保密期限各机关可自行设定。

（三）紧急程度。它表明公文送达和办理的时限要求，分为"特急""加急"这两种，标注在文头左上角。如果一份公文需要同时标注份号、密级和保密期限、紧急程度，就按照此顺序自上而下分行排列。对紧急电报而言，则分为"特提""特急""加急""平急"这四种。

（四）签发人。上行文要标注签发人姓名，标注位置前面已说明。如果是联合行文，有多个签发人，签发人姓名仍居右标注，按照发文机关排列顺序，从左到右、自上而下依次均匀排列，一般每行排两个姓名，回行时，与上一行第一个签发人姓名对齐。

二、文中

文中，也称为"主体"，公文首页红色分隔线（不含）以下、公文末页首条分隔线（不含）以上的部分。

在文中部分，必须有的要素依次为：标题、主送单位、正文、发文机关署名和印章、成文日期。

（一）标题，由发文机关名称、事由和文种组成。如，《上海市人民政府办公厅关于做好防暑降温工作的通知》。

（二）主送机关，是指公文的主要受理单位，可以使用机关的全称、规范化简称或者若干机关的统称，后面加冒号。如，"上海市教委："或者"各区人民政府，市政府各委、办、局："。前者用的是规范化简称，后者用的是若干机关的统称。也有的公文如纪要、决议、公报、公告，在文中不标注主送机关。有的公文如决定、通告，可能将主送机关标注在文尾。

主送机关编排在标题下面空一行位置，居左顶格，如果名称较长，回行时仍需要顶格。

（三）正文，即公文的主要内容，这一块"体积最大"。公文首页必须显示正文，编排于主送机关名称下一行。

（四）发文机关署名和印章，即需要加盖发文机关印章，印章用红色。单一机关行文时，一般以下面的成文日期为基准，编排发文机关署名，并居中加盖印章，下压发文机关署名和成文日期。联合行文时，一般以主办机关署名在前、其他机关署名在后的顺序排列，并一一对应，居中加盖印章。最后一个印章除居中并下压发文机关署名外，同时下压成文日期。也有的公文，如"令"，不需要加盖印章，只需要加盖签发人签名章，签名章也是用红色，在签名章左面或者上面标注签发人职务，整个位置也是在成文日期之上。

（五）成文日期，是指发文机关负责人签发或者会议通过即行生效的日期，要标明年、月、日。联合行文时，署最后签发机关负责人签发的日期。成文日期使用阿拉伯数字。如果是单一机关行文，在机关署名下面，成文日期一般按照"日"右空四字编排。

在文中部分，可能有的要素为：附件说明、附注。

（一）附件说明，是指公文附件的名称。如果只有一个附件，其位置在正文之下空一行左空两字编排，出现"附件"二字。附件名称不加书名号。如，"附件：安全生产大检查实施方案"。如有几个附件，则分别写明，每个附件标题前，加注阿拉伯数字作为顺序号。附件说明的表述及其顺序号，要与后面的附件标题及其顺序号的表述完全一致。接下来的附件要另起一页。

（二）附注，是对公文印发、传达范围等需要说明的事项。其位置在成文日期下一行，左空两字加圆括号，括号内不出现"附注"二字。如，"（此件发至县、团级）"。

三、文尾

文尾，也称为"版记"，公文末页首条分隔线以下、末条分隔线以上的部分。

在文尾部分，必须有的要素为：印发机关、印发日期。

（一）印发机关，是指公文的送印机关，一般为办公厅（室），或者秘书处（科）。

（二）印发日期，是指公文的送印日期。它可能与成文日期为同一日，也可能晚于成文日期。

印发机关和印发日期编排在同一行。印发机关居左，其首字左空一字；印发日期居右，其末字右空一字。在印发机关和印发日期下面，有一分隔线。

在文尾部分，可能有的要素为：抄送机关。

抄送机关，是指除主送机关外，需要执行或者知晓公文内容的其他机关，可以使用机关全称、规范化简称或者若干机关统称。

抄送机关的位置，在印发机关和印发日期之上。按照左右各空一字编排，前面加"抄送"二字及冒号，后面为抄送机关名称。如果抄送机关较多，回行时与冒号后的首字对齐，末尾用句号。在抄送机关上面，再加一条分隔线。

如果需要把主送机关移至文尾，其位置在抄送机关之上，前面加"主送"二字及冒号，编排方法与抄送机关相同。既有主送机关又有抄送机关时，主送机关在抄送机关之上，中间不加分隔线。

与此同时，公文的页码即页数顺序号，用阿拉伯数字编排在公文版心的下边缘之下，数字左右各有一条一字线，单页码居右空一字，双页码居左空一字。公文的版记页前有空白页的，空白页和版记页均不编排页码。公文的主件、附件一起装订时，页码应当连续编排。

此外，公文还有三个特定的格式。

（一）信函格式

1.文头。在红色双线之上，居中标注发文机关全称或者规范化简称，一般使用小标宋体字，颜色为红色。

2. 文中。一般先标注发文字号，在红色双线之下，居右编排。如果需要标注份号、密级和保密期限、紧急程度，按照此顺序自上而下分行排列，位置在红色双线之下，居左编排。

上述要素标注后，在其下方空两行，开始依次出现标题、主送单位、正文、落款（包括加盖印章）、成文日期。具体编排方法同前。

3.文尾。一般不加分隔线和印发机关、印发日期。

（二）纪要格式

1．文头。在红色分隔线之上，居中标注纪要名称，如"××××××纪要"，通常使用小标宋体字，颜色为红色。一般情况下，在纪要名称下面，居中标注纪要的期数，如"2012—5"，表示这是2012年召开的第五次会议。如果有密级和保密期限，其位置同样在左上角。

2. 文中。通常包括会议议题、正文。

会议议题，即标题，出现"会议议题"字样，居中编排。在其下方，居中标注具体的议题。如果议题有几个，则从上到下依次排列，每个议题前注明顺序。如："一、听取关于××××的汇报；二、审议××××；三、部署××××。"

正文，即纪要的主要内容。

也有的纪要，在正文的最后，空一行，从上到下依次标注会议时间、会议地点、出席人员、列席人员、主持人、记录人。

3. 文尾，在分隔线以下。先居左标注分送单位，如："分送：××××，××××，××××。"最后一个分送单位末尾用句号。然后，加一条分隔线。下面标注印发机关和印发日期，再加一条分隔线。

（三）命令（令）格式

1. 文头。由发文机关名称加"命令"或者"令"组成，通常使用小标宋体字，颜色为红色，居中编排。在其下面，居中编排发文字号，其写法为"第×号"。文头不用红色分隔线。

2. 文中。包括正文、落款。落款可能是机关署名（印章）或者领导署名（签名章），具体编排方法同前。

3. 文尾。通常包括主送机关、抄送机关、印发机关和印发日期。具体编排方法同前。

除上述之外，还需要说明的是：

1. 公文一般采用A4型纸张。

2. 除标题和正文中的小标题外，公文正文一般用三号仿宋体字，特殊情况可以适当调整。

3. 标题一般用二号小标宋体字。文中小标题，第一层用三号黑体字，第二层用三号楷体字，第三层及以下均用三号仿宋体字。

4. 正文中的结构层次，从高到低依次为："一、""（一）""1.""（1）"。其中，第二层、第四层的括号外面不用顿号；第三层序号后面用实心圆点。

5. 公文一般每页排22行，每行排28个字，特定情况可以适当调整。

6. 如果无特殊情况，公文中文字的颜色均为黑色。

式样1 上行文的式样

000001

机密★1年

特急

××市××××局文件

×××〔2020〕10号   签发人：×××

       ××市××××局关于××××情况的报告

×××：

     ×××。

     附件：1.×××××××××
            2.×××××××××

                      ××市××××局
                      2020年×月×日

抄送：××××，××××，××××，××××，××××，×××××。

××市××××局办公室   2020年×月×日印发

式样2　平行文、下行文的式样

××市××局
××市××局文件

×××〔2016〕1号

××市××局　××市××局
关于×××××××的通知

×××××、××××：

　　×××。

　　附件：1.×××××××××
　　　　　2.×××××××××

××市××局　××市××局
2016年×月×日

（此件可登报）

××市××局办公室　　　　　2016年×月×日印发

式样3　纪要的式样

××××会议纪要

2018—10

会　议　议　题

一、××××××××××××××××××××××

二、××××××××××××××××

三、××××××××××××××××××

四、××××××××××××××××××××

　　××××××××××××××××××××××
××××××。

　　××××××××××××××××××××××××
×××××××××××××××××××××××××
×××××××××××××××××。

　　××××××××××××××××××××××××
××××××。

分送：×××××，×××××，××××，××××，××××，
　　　×××××。

××市××局办公室　　　　　2018年×月×日印发

式样4　信函的式样

××市××××局

×××〔2016〕1号

　　　　　　××市××××局关于××××××的函

×××：

　　　　××××××××××××××××××××××××××
××××××××××××××××××××××××××××××
××××××××××××××××××××××××××××××
××××××××××××××××××××××××××××××
××××××××××××××××××××××××××××××
×××××××××××××××××××。

　　　　　　　　　　　　　　　　××市××××局
　　　　　　　　　　　　　　　　2016年×月×日

第四节　公文的标题、文中小标题和结尾语

一、标题

标题起着揭示、概括公文主要内容的作用，它是公文的"眼睛"。俗话说，"题好一半文"，"文好一半题"，足见标题对文章来说，是多么重要。

公文的标题，一般讲求"三性"。

一是完整性。包含三要素，依次为：发文机关名称+事由+文种。事由通常由介词"关于"来引导。如，《上海市人民政府关于加强城市管理的通知》。公文的标题除少数几种外，要求要素不能少、次序不能倒。对比较急的公文，在文种前面可以加上"紧急"二字。如，《上海市人民政府办公厅关于切实做好低温雨雪天气防范应对工作的紧急通知》。

二是简洁性。一般来说，公文的标题能简则简，简在事由。如，一公文的标题《××市人民政府关于×××市长应邀赴美国进行访问的请示》，可以改成《××市人民政府关于×××市长访问美国的请示》，也可以改成《××市人民政府关于×××市长访美的请示》。从简洁出发，公文的标题中，除法律法规名称等可使用书名号外，一般不使用标点符号。从简洁出发，公文的标题中尽可能不重复使用"关于"或者"有关"二字。如，一公文的标题《××市××局关于转发〈××市人民政府关于做好食品安全卫生工作的通知〉的通知》，这里第一个"关于"可以省

略，里面的书名号可以省略，"的"也可以省略。又如，一公文的标题为《××市××局关于严格土地管理有关事项的通知》，这里，"有关"二字可以省略。从简洁出发，转发性公文的标题中，不宜出现过多的"通知"二字，需要的话，"通知"最好不超过两个。否则，重做标题。如，一公文的标题为《××市交通局转发××市人民政府转发国务院关于做好今年春运工作的通知的通知的通知》，这里，出现了三个"通知"，读起来非常吃力。可以改为，《××市交通局关于做好今年春运工作的通知》。在正文的开头，表述为："现将《××市人民政府转发国务院关于做好今年春运工作通知的通知》转发给你们，结合通知的要求，作如下补充通知，请一并贯彻执行：……"这样，该公文的标题就显得简洁。

三是准确性。公文标题的表述，要使读者一目了然，不能有歧义。如有一单位改善办公条件，将迁往一座新建的大楼办公，向上级上报请示，请求解决搬迁经费，原公文标题为《××单位关于搬迁虹桥大厦经费问题的请示》，这就不准确，容易使人误解为申请经费的目的，是要将虹桥大厦搬走。可以修改为：《××单位关于迁入虹桥大厦经费问题的请示》。

二、文中小标题

一份篇幅较长的公文，文中往往会按照有关段落，做成几个小标题。使用小标题，要注意几个方面：

　　一是文中几个小标题是对公文标题的分述，它们应该是并列关系。文中几个小标题的意思相加等于公文标题，不能有一个小标题与公文标题内容相同。否则，就显得重复、不对称。如，有一公文标题为《××市××局关于开展法律援助咨询活动的通知》，文中有几个小标题：一、明确法律援助咨询活动的指导思想；二、开展法律援助咨询活动；三、加强法律援助咨询活动的组织领导。这里，第二个小标题就与公文标题重复，根据内容，可以改成"二、丰富法律援助咨询活动的内容形式；"。这就解决了该小标题与公文标题重复的问题。

　　二是文中分成若干段落，如果几个段落有小标题，应该都有小标题；反之，都没有小标题。还有，小标题后面如果内容紧跟其后，那就都紧跟其后；如果内容另起一行，那就都另起一行。在内容都另起一行的情况下，如果小标题后有句号，那就都有句号。反之，都没有句号。这样，就显得一致。

　　三是文中如果有几个小标题，那这几个小标题应该尽可能保持句子内部结构整齐。或者都是介词式，如"关于活动的主题"；或者都是偏正式，如"工作的基本思路"；或者都是动宾式，如"建立执法队伍"；或者都是主谓式，如"思想认识一致"。这样，一组小标题就显得美观、匀称。如一份公文文中，有三个小标题：一、充分认识做好随迁子女升学考试工作的重要性；二、明确做好随迁子女升学考试工作的主要原则；三、因地制宜地制定随迁子女升学考试具体政策。这三个小标题，采用的都是动宾式，给人一种美感。

三、结尾语

常用公文一般都有结尾语，起到收束全文的作用，只是各自表达不同。所有公文的结尾语，结束时应该用句号，不宜用感叹号，也不能没有句号。

常用公文有：通知、请示、报告、纪要、函、批复等。现将这些公文的结尾语分别列出。

（一）通知，可以选用的结尾语有：

以上通知，请认真贯彻执行。

以上通知，请按照执行。

以上通知，请组织落实。

（以上适用于指令性通知）

特此通知。

（以上适用于告知性通知）

（二）请示，可以选用的结尾语有：

以上请示，请予批复。

以上请示，请示复。

以上请示，请审批。

以上当否，请批示。

（三）报告，可以选用的结尾语有：

特此报告。

以上报告，请审阅。

以上报告，如有不当，请指正。

（四）纪要，可以选用的结尾语有：

会议最后要求，……

会议最后强调，……

会议号召，……

（五）函，可以选用的结尾语有：

特此致函。

专此函告。

以上请予支持为盼。

（以上适用于不需要回复的函）

以上当否，请予函复。

以上请予支持并盼复。

（以上适用于需要回复的函）

（六）批复，其结尾语只有一种：

特此批复。

第二章　公文的写作要领

公文写作（也包括非公文写作，下同）并不容易。作为起草者，要了解党和国家方针政策，领会领导意图和工作重点，关注形势发展和大局大势。同时，要深入调查研究，熟悉各方情况和相关业务，拥有广博知识。这样，公文写作才有基础。

在知道公文的种类及其适用范围，公文的格式，公文的标题、小标题和结尾语后，更需要对公文具体写法等作进一步研究和探索，以便更好地把握写作的规律，掌握写作的技巧，丰富写作的内容，创新写作的思路，使公文写作得心应手、从容自如。

好的公文既是写出来的，也是改出来的。这种修改，既有对自己起草文稿的修改，也有履行工作职责，对他人起草文稿的修改。从这个意义上说，文稿的修改也是公文写作的重要一环。

第一节 各种公文的写法

公文写作讲求言之有序、言之有物、言之有理、言之有据、言之有规（即表达规范），这同其他文章写作的要求是一样的。这里，"言之有序"十分重要。古人说："作文之道，构思为先。"一篇公文写作前，要进行缜密构思、谋篇布局，处理好先写与后写、总写与分写、详写与略写、虚写与实写的关系，确保结构严谨。

构思体现的是作者的思路。"思路决定出路。"一旦思路形成，公文写作就方便了很多。这里，介绍一下15种公文的写法，也就是写作思路。

一、通知

（一）指令性通知

指令性通知又分为部署工作和批转（转发、印发）文件这两种。

1.部署工作通知

正文通常写三个部分：

（1）总说。包括背景、目的、依据、过渡语（如"现就……作如下通知："或者"现就……通知如下："）。其中，背景、目的、依据也可以省略。

（2）通知事项。可以分成"一、……二、……

39

三、……"。

（3）结尾语。有时，结尾语也可以省略。

例文：

国务院办公厅关于继续做好房地产市场调控工作的通知

各省、自治区、直辖市人民政府，国务院各部委、各直属机构：

2011年以来，各地区、各部门认真贯彻落实中央关于加强房地产市场调控的决策和部署，取得了积极成效。当前房地产市场调控仍处在关键时期，房价上涨预期增强，不同地区房地产市场出现分化。为继续做好今年房地产市场调控工作，促进房地产市场平稳健康发展，经国务院同意，现就有关问题通知如下：（此为总说）

一、完善稳定房价工作责任制

认真落实省级人民政府负总责、城市人民政府抓落实的稳定房价工作责任制。各直辖市、计划单列市和省会城市（除拉萨外），要按照保持房价基本稳定的原则，制定本地区年度新建商品住房（不含保障性住房，下同）价格控制目标，并于一季度向社会公布。各省级人民政府要更加注重区域差异，加强分类指导。对行政区域内住房供不应求、房价上涨过快的热点城市，应指导其增加住房及住房用地的有效供应，制定并公布年度新建商品住房价格控制目标；对存在住房供过于求等情况的城市，也应指导其采取有效措施保持市场稳定。要建立健全稳定房价工作的考核问责制度，加强对所辖城市的督查、考核和问责工作。国务院有关部门要加强对省级人民政府稳定房价工作的监督和检查。对执行住房限购和差别化住房信贷、税收等政策措施不到位、房价上涨过快的，要进行约谈和问责。

二、坚决抑制投机投资性购房

继续严格执行商品住房限购措施。已实施限购措施的直辖市、计划单列市和省会城市，要在严格执行《国务院办公厅关于进一步做好房地产市场调控工作有关问题的通知》（国办发〔2011〕1号）基础上，进一步完善现行住房限购措施。限购区域应覆盖城市全部行政区域；限购住房类型应包括所有新建商品住房和二手住房；购房资格审查环节应前移至签订购房合同（认购）前；对拥有1套及以上住房的非当地户籍居民家庭、无法连续提供一定年限当地纳税证明或社会保险缴纳证明的非当地户籍居民家庭，要暂停在本行政区域内向其售房。住房供需矛盾突出、房价上涨压力较大的城市，要在上述要求的基础上进一步从严调整限购措施；其他城市出现房价过快上涨情况的，省级人民政府应要求其及时采取限购等措施。各地区住房城乡建设、公安、民政、税务、人力资源社会保障等部门要建立分工明确、协调有序的审核工作机制。要严肃查处限购措施执行中的违法违规行为，对存在规避住房限购措施行为的项目，要责令房地产开发企业整改；购房人不具备购房资格的，企业要与购房人解除合同；对教唆、协助购房人伪造证明材料、骗取购房资格的中介机构，要责令其停业整顿，并严肃处理相关责任人；情节严重的，要追究当事人的法律责任。

继续严格实施差别化住房信贷政策。银行业金融机构要进一步落实好对首套房贷款的首付款比例和贷款利率政策，严格执行第二套（及以上）住房信贷政策。要强化借款人资格审查，严格按规定调查家庭住房登记记录和借款人征信记录，不得向不符合信贷政策的借款人违规发放贷款。银行业监管部门要加强对银行业金融机构执行差别化住房信贷政策的日常管理和专项检查，对违反政策规定的，要及时制止、纠正。对房价上涨过快的城市，人民银行当地分支机构可根据城市人民政府新建商品住房价格控制目标和政策要求，进一步提高第二套住房贷款的首付款比例和贷款利率。

充分发挥税收政策的调节作用。税务、住房城乡建设部门要密切配合，对出售自有住房按规定应征收的个人所得税，通过税收征管、房屋登记等历史信息能核实房屋原值的，应依法严格按转让所得的20%计征。总结个人住房房产税改革试点城市经验，加快推进扩大试点工作，引导住房合理消费。税务部门要继续推进应用房地产价格评估方法加强存量房交易税收征管工作。

三、增加普通商品住房及用地供应

各地区要根据供需情况科学编制年度住房用地供应计划，

保持合理、稳定的住房用地供应规模。原则上2013年住房用地供应总量应不低于过去5年平均实际供应量。住房供需矛盾突出、房价上涨压力较大的部分热点城市和区域中心城市，以及前两年住房用地供应计划完成率偏低的城市，要进一步增加年度住房用地供应总量，提高其占年度土地供应计划的比例。加大土地市场信息公开力度，市、县人民政府应于一季度公布年度住房用地供应计划，稳定土地市场预期。各地区要继续采取有效措施，完善土地出让方式，严防高价地扰乱市场预期。各地区住房城乡建设部门要提出商品住房项目的住宅建设套数、套型建筑面积、设施条件、开竣工时间等要求，作为土地出让的依据，并纳入出让合同。

各地区发展改革、国土资源、住房城乡建设部门要建立中小套型普通商品住房建设项目行政审批快速通道，提高办事效率，严格落实开竣工申报制度，督促房地产开发企业严格按照合同约定建设施工，加快中小套型普通商品住房项目的供地、建设和上市，尽快形成有效供应。对中小套型住房套数达到项目开发建设总套数70%以上的普通商品住房建设项目，银行业金融机构要在符合信贷条件的前提下优先支持其开发贷款需求。

四、加快保障性安居工程规划建设

全面落实2013年城镇保障性安居工程基本建成470万套、新开工630万套的任务。各地区要抓紧把建设任务落实到项目和地块，确保资金尽快到位，尽早开工建设。继续抓好城市和国有工矿（含煤矿）、国有林区、垦区棚户区改造，重点抓好资源型城市及独立工矿区棚户区改造；积极推进非成片棚户区和危旧房改造，逐步开展城镇旧住宅区综合整治，稳步实施城中村改造。

强化规划统筹，从城镇化发展和改善居民住房条件等实际需要出发，把保障性安居工程建设和城市发展充分结合起来，在城市总体规划和土地利用、住房建设等规划中统筹安排保障性安居工程项目。要把好规划设计关、施工质量关、建筑材料关和竣工验收关，落实工程质量责任，确保工程质量安全。要合理安排布局，改进户型设计，方便保障对象的工作和生活。要加大配套基础设施投入力度，做到配套设施与保障性安居工程项目同步规划、同期建设、同时交付使用，确保竣工项目及早投入使用。

加强分配管理。要继续探索创新保障性住房建设和管理机制，完善保障性住房申请家庭经济状况审核机制，严格准入退出，确保公平分配。加大保障性安居工程建设、分配和退出的信息公开力度。严肃查处擅自改变保障性安居工程用途、套型面积等违法违规行为。2013年底前，地级以上城市要把符合条件的、有稳定就业的外来务工人员纳入当地住房保障范围。要加强小区运营管理，完善社区公共服务，优化居住环境。

五、加强市场监管和预期管理

2013年起，各地区要提高商品房预售门槛，从工程投资和形象进度、交付时限等方面强化商品房预售许可管理，引导房地产开发企业理性定价，稳步推进商品房预售制度改革。继续严格执行商品房销售明码标价、一房一价规定，严格按照申报价格对外销售。各地区要切实强化预售资金管理，完善监管制度；尚未实行预售资金监管的地区，要加快制定本地区商品房预售资金监管办法。对预售方案报价过高且不接受城市住房城乡建设部门指导，或没有实行预售资金监管的商品房项目，可暂不核发预售许可证书。各地区要大力推进城镇个人住房信息系统建设，完善管理制度，到"十二五"期末，所有地级以上城市原则上要实现联网。

加强房地产企业信用管理，研究建立住房城乡建设、发展改革、国土资源、金融、税务、工商、统计等部门联动共享的信用管理系统，及时记录、公布房地产企业的违法违规行为。对存在闲置土地和炒地、捂盘惜售、哄抬房价等违法违规行为的房地产开发企业，有关部门要建立联动机制，加大查处力度。国土资源部门要禁止其参加土地竞买，银行业金融机构不得发放新开发项目贷款，证券监管部门暂停批准其上市、再融资或重大资产重组，银行业监管部门要禁止其通过信托计划融资。税务部门要强化土地增值税的征收管理工作，严格按照有关规定进行清算审核和稽查。住房城乡建设、工商等部门要联合开展对房屋中介市场的专项治理工作，整顿和规范市场秩序，严肃查处中介机构和经纪人员的违法违规行为。有关部门要加强房地产开发企业资本金管理，加大对资产负债情况的监测力度，有效防范风险。

各地区、各有关部门要加强市场监测和研究分析，及时主动发布商品住房建设、交易及房价、房租等方面的权威信息，正确解读市场走势和有关调控政策措施，引导社会舆论，稳定市场预期。要加强舆情监测，对涉及房地产市场的不实信息，要及时、主动澄清。对诱导购房者违反限购、限贷等政策措施，造谣、传谣以及炒作不实信息误导消费者的企业、机构、媒体和个人，要进行严肃处理。

六、加快建立和完善引导房地产市场健康发展的长效机制

各有关部门要加强基础性工作，加快研究提出完善住房供应体系、健全房地产市场运行和监管机制的工作思路和政策框架，推进房地产税制改革，完善住房金融体系和住房用地供应机制，推进住宅产业化，促进房地产市场持续平稳健康发展。（此为通知事项）

国务院办公厅

2013年2月26日

2.批转（转发、印发）文件通知

正文通常写两个部分：

（1）批转（转发、印发）文件的说明。如："现将《×××××××》转发给你们，请认真贯彻执行。"必要时，加上批转（转发、印发）文件的依据，如："经×××同意，现将《×××》转发给你们，请认真贯彻执行。"

（2）贯彻执行的要求。如："各部门、各单位要……"或者："请各部门、各单位……"一般情况下，这一部分可以省略。

例文：

国务院办公厅转发建设部等部门
关于做好稳定住房价格工作意见的通知

各省、自治区、直辖市人民政府，国务院各部委、各直属机构：

建设部、发展改革委、财政部、国土资源部、人民银行、税务总局、银监会等七部门《关于做好稳定住房价格工作的意见》已经国务院同意，现转发给你们，请认真贯彻执行。（此为转发文件的依据和转发文件的说明）

房地产业是国民经济支柱产业。正确认识当前房地产市场形势，及时解决存在的突出问题，促进房地产业健康发展，对于巩固和发展宏观调控成果，保持国民经济平稳较快发展，具有重要意义。各地区、各部门要把解决房地产投资规模过大、价格上涨幅度过快等问题，作为当前加强宏观调控的一项重要任务。坚持积极稳妥、把握力度，突出重点、区别对待，因地制宜、分类指导，强化法治、加强监管的原则。加强领导、密切配合，认真贯彻落实国务院各项调控政策措施，做好供需双向调节，遏制投机性炒房，控制投资性购房，鼓励普通商品住房和经济适用住房建设，合理引导住房消费，促进住房价格的基本稳定和房地产业的健康发展。（此为贯彻执行的要求）

国务院办公厅
二〇〇五年五月九日

上述通知转发的《关于做好稳定住房价格工作的意见》省略。

（注：2012年7月1日之后，党政机关公文一体化，成文日期统一使用阿拉伯数字。在这之前，党政机关公文分开，行政机关公文的成文日期使用汉字。故本书例文，如属行政机关在2012年7月1日之前印发的，成文日期仍使用汉字。）

（二）告知性通知

告知性通知又分为告知事项和任免人员这两种。

1.告知事项通知

正文通常写三个部分：

（1）总说。包括背景、目的、依据、过渡语。有时，背景、目的、依据可以省略，也可以只省略背景。

（2）告知内容。可以分成"一、……二、……三、……"。

（3）结尾语。也可以省略。

例文：

国务院办公厅关于2013年部分节假日安排的通知

各省、自治区、直辖市人民政府，国务院各部委、各直属机构：

根据国务院《关于修改〈全国年节及纪念日放假办法〉的决定》，为便于各地区、各部门及早合理安排节假日旅游、交通运输、生产经营等有关工作，经国务院批准，现将2013年元旦、春节、清明节、劳动节、端午节、中秋节和国庆节放假调休日期的具体安排通知如下：（此为总说）

一、元旦：1月1日至3日放假调休，共3天。1月5日（星期六）、1月6日（星期日）上班。

二、春节：2月9日至15日放假调休，共7天。2月16日（星期六）、2月17日（星期日）上班。

三、清明节：4月4日至6日放假调休，共3天。4月7日（星期日）上班。

四、劳动节：4月29日至5月1日放假调休，共3天。4月27日（星期六）、4月28日（星期日）上班。

五、端午节：6月10日至12日放假调休，共3天。6月8日（星期六）、6月9日（星期日）上班。

六、中秋节：9月19日至21日放假调休，共3天。9月22日（星期日）上班。

七、国庆节：10月1日至7日放假调休，共7天。9月29日（星期日）、10月12日（星期六）上班。

节假日期间，各地区、各部门要妥善安排好值班和安全、保卫等工作，遇有重大突发事件发生，要按规定及时报告并妥善处置，确保人民群众祥和平安度过节日假期。（此为告知内容）

国务院办公厅
2012年12月8日

2.任免人员通知

通常写两个部分：

（1）任免内容。

（2）结尾语。

例文：

上海市人民政府关于×××等同志职务任免的通知

各区、县人民政府，市政府各委、办、局：

市人民政府决定：

任命×××为上海市××局局长；

免去×××的上海市××局局长职务。（此为任免内容）

特此通知。（此为结尾语）

上海市人民政府
2012年11月8日

二、请示

正文通常写四个部分：

1.起因。

2.事由、理由。

3.请示事项。

4.结尾语。

例文：

××县文化局关于请求拨款修复一座古建筑的请示

县政府：

我县有一座古建筑，由于年久失修，现已摇摇欲坠。（此为起因）

这座古建筑建造于清代乾隆年间，它的画栋雕梁、院墙门扇，具有很高的艺术价值。修复这座古建筑，对于保护历史文化遗产，开发我县旅游资源，促进我县精神文明建设，都具有一定

的意义和作用。（此为事由、理由）

据初步匡算，修复这座古建筑，共需800万元。由于我局财力有限，无力承担，为此，请求县政府如数拨款。（此为请示事项）

以上请示，请予批复。（此为结尾语）

××县文化局

二〇〇一年三月四日

三、报告

从内容上看，报告可以分为汇报工作、反映情况、回复询问、报送文件（材料）这四种。

汇报工作的报告，一般包括专项性工作报告和综合性工作报告。

汇报工作的报告，正文通常写六个部分：

1.总说。包括概况、过渡语（如："现将有关情况报告如下："）。

2.取得的成绩。可以分成"一、……二、……三、……"。

3.采取的措施，即做法（或者体会、特点）。可以分成"一、……二、……三、……"。取得的成绩和采取的措施也可以合并。

4.存在的不足。

5.下步工作打算。

6.结尾语。

注：第二、第三部分可以互换顺序，也可以合并；第四、第五部分可以合并，第四部分也可以省略。

例文（专项性工作报告）：

上海市人民政府关于2016年我市法治政府建设情况的报告

国务院：

根据中共中央、国务院印发的《法治政府建设实施纲要（2015—2020年）》（以下简称《纲要》）要求，现将2016年我市法治政府建设情况报告如下：（此为总说）

一、2016年我市法治政府建设的主要工作及成效

2016年，我市各级行政机关在党中央、国务院和市委、市政府的领导下，认真贯彻党的十八大和十八届三中、四中、五中、六中全会精神，深入学习领会习近平总书记系列重要讲话精神和治国理政新理念新思想新战略，按照中央对上海提出的"继续当好全国改革开放排头兵、创新发展先行者"的要求，聚焦中央和市委的重大决策和战略部署，结合"十三五"规划制定，强化部署、突出重点、多措并举，为经济和社会发展提供了坚强有力的法治保障。

（一）编制实施专项规划，有序推进法治建设

1.编制法治政府建设"十三五"规划，扎实做好"十三五"开局工作。《上海市法治政府建设"十三五"规划》（以下简称《规划》）在全面总结和评价本市"十二五"依法行政规划实施情况基础上，按照"对标更高要求、紧贴上海实际"的原则，确定了"十三五"期间本市法治政府建设的总体目标、主要任务和具体措施，并明确了主要任务的职责分工。相关牵头职能部门根据《规划》要求，制定相应工作方案，排出年度工作计划，全面启动规划实施。

2.法治政府建设内容融入各项"十三五"规划。市和区级政府在国民经济和社会发展"十三五"规划纲要及其他专项规划编制中，都列入法治政府建设的相关内容，凸现法治对各项工作的引领和保障作用。黄浦区和市规划国土资源、教育、质量技监、公安等部门分别制定了本地区、本系统法治建设"十三五"规划或者实施意见，为本地区和本系统政府法治建设提供指引。

（二）聚焦中央决策和战略部署，提供有力法治保障

1.优化具有全球影响力的科创中心建设制度环境。围绕具有全球影响力的科创中心建设，起草并提请市人大常委会审议《上海市促进科技成果转化条例》，相继发布了《关于进一步深化人才发展体制机制改革加快推进具有全球影响力的科技创新中心建设的实施意见》《本市加强财政科技投入联动与统筹

管理实施方案》《关于全面建设杨浦国家大众创业万众创新示范基地的实施意见》《关于进一步加快转制科研院所改革和发展的指导意见》等指导性文件，促进更多科技成果的涌现和转化，进一步激发全社会创业创新活力。

2.保障上海自贸试验区改革开放。着眼于打造法治化、国际化、便利化的营商环境，为上海自贸试验区改革提供有力的法治保障。配合国家有关部门做好"外资三法"和《台湾同胞投资保护法》修改的意见征询和出台四地自贸试验区暂时调整有关行政法规、国务院文件和经国务院批准的部门规章规定的决定等相关工作。配合市人大常委会修改《关于在中国（上海）自由贸易试验区暂时调整实施本市有关地方性法规规定的决定》。根据国家部署，完成上海自贸试验区建设三周年法制保障工作的总结，并提出下一步工作建议。深化外商投资管理、境外投资管理和商事制度改革，在上海自贸试验区全面确立以负面清单管理为核心的投资管理制度。推动货物状态分类监管试点扩大到物流贸易型企业。深化"三互"大通关建设改革，确立符合高标准贸易便利化规则的贸易监管制度。

（三）运用法治思维和法治方式，综合整治城市管理顽症

1.开展全市交通大整治。自2016年3月25日开始的全市道路交通违法行为大整治，立足上海超大型城市交通管理特点，运用法治思维和法治方式，创新管理举措，强化源头治理，取得了显著的阶段性成果。全市道路交通突出违法行为明显减少，

道路交通秩序和通行能力明显改观，市民群众的守法意识明显提升。道路交通事故数、死亡人数、受伤人数比整治前分别下降了26.6%、16.9%、43.3%。九成受访群众对大整治成效表示满意。为固化交通大整治中的有效措施，建立常态长效管理机制，回应人民群众的关切，2016年底，市政府还提请市人大对本市道路交通管理条例作出了大幅修改。

2.全力推进"五违四必"区域环境综合治理。按照市委部署，违法用地、违法建筑、违法经营、违法排污、违法居住"五违"必治，安全隐患必须消除、违法无证建筑必须拆除、脏乱现象必须整治、违法经营必须取缔"四必"先行。在"五违四必"整治中，各区政府和职能部门注重法律法规梳理，执法力量整合，执法流程重构，严格程序规范。全市先后完成前两批28个市级地块和258个区级地块的整治，区域环境显著改善。全市拆除违法建筑5141.58万平方米，是2015年拆违总量的3倍多。

3.严格烟花爆竹的安全管控。以贯彻实施新修订的《上海市烟花爆竹安全管理条例》为契机，狠抓源头控制、宣传发动、依法严管等关键环节，严格落实烟花爆竹禁燃禁放措施，实现了外环线以内区域基本"零燃放"，外环线以外区域燃放量明显减少，外环线以内烟花爆竹引发火灾数为零、烟花爆竹致伤数为零，烟花爆竹垃圾数为零。重要节点启动一级加强勤务等级，5万余名警力带领30万平安志愿者全方位巡查。依法严查非法运输、储存、经营、燃放烟花爆竹案件。2016年春节期间，查处烟花爆竹违法犯罪案件1065起，收缴非法烟花爆竹4.1万余箱。春节后，继续保持依法严管高压态势，建立健全烟花爆竹严管严查严控常态长效机制。

4.开展无证食品生产经营与网络食品经营等重点领域和薄弱环节的专项整治。建立长效性的食品安全保障机制。2016年，本市各类食品安全风险监测总体合格率为97.3%，较前一年提高0.3个百分点。全市未发生重大食品安全事故，食品安全总体状况继续保持有序、可控、稳中向好的态势。按照中央关于食品安全"四个最严"的要求，市政府提请市人代会审议通过了"史上最严"的食品安全条例。全面实施《上海市食品安全信息追溯管理办法》，强化全程监管、科学监管，形成食品安全综合协调、专业监管和基层综合执法相结合的监管体系。

5.全面启动推进中小河道的综合整治。针对部分郊区和城乡接合部中小河道黑臭的突出问题，于2016年底前启动了中小河道的综合整治，全面实行河长制，以"一河一档、一河一策、一河一长"的闭环模式，细化落实，力争实现到2017年底，全市中小河道基本消除黑臭的目标。在实施河道整治过程中，环保、水务等部门制定专项联合执法方案，专业执法与部门联动执法相结合，综合运用执法手段和法律资源，完善联合执法、信息互通、案件移送等工作机制，形成严格执法、协同执法的工作局面，保障了专项整治工作有序推进。

（四）全面履行政府职能，深化推进"放管服"改革

1.深化行政审批制度改革。……

2.扎实推行政府履职清单管理制度。……

3.全面加强市场监管。……

4.创新社会治理。……

5.进一步推进政务信息公开。……

（五）加强和改进政府立法工作，健全决策程序

1.完善政府立法的机制和程序。……

2.突出立法重点，保证立法质量。……

3.开展法规规章修改和清理。……

4.出台重大行政决策程序规则。……

5.民生实事工程立项注重征求社会公众意见。……

6.深入推进落实政府法律顾问制度。……

（六）健全行政执法体制机制，加强和规范行政执法

1.深化行政执法体制改革。……

2.研究推进重大行政执法决定法制审核制度。……

3.完成行政执法人员清理。……

4.继续推进行政处罚裁量基准制度建设。……

5.提高行政执法效能。……

6.完善行刑衔接机制。……

（七）完善监督机制，行政权力制约进一步强化

1.主动接受人大监督和政协民主监督。……

2.自觉接受司法监督。……

3.强化行政机关内部监督。……

4.完善社会监督机制。……

（八）健全多元化解机制，依法有效化解矛盾纠纷

1.人民调解机制不断完善。……

2.发挥行政复议委员会在审理重大、复杂、疑难案件中的积极作用。……

3.改革信访工作制度。……

（九）开展法治宣传，营造学法守法用法氛围

1.加强领导干部法治辅导与培训。……

2.加强对法制工作人员的培训。……

3.继续开展面向社会的普法宣传。……（此为取得的成绩和采取的措施）

我们也清醒地认识到，上海正处在创新驱动发展、经济转型升级的攻坚阶段和法治政府建设的加速期，法治政府建设的任务仍然艰巨。运用法治思维和法治方式深化改革、推动发展，用足用好法律资源破解瓶颈难题的能力还需要进一步提高;构建城市综合管理法治化格局与共建共享的社会治理格局还需要进一步探索;转变政府职能，深化行政审批制度改革的力度还需要进一步加大;不作为、乱作为、慢作为等现象不同程度上仍然存在，行政行为规范和政府作风建设还需要进一步加强。（此为存在的不足）

二、2017年我市推进法治政府建设的工作要点

2017年，我市正按照习近平总书记"四个新作为"的要

求，以贯彻落实《纲要》和《规划》为主线，把握稳中求进的工作总基调，在上海自贸试验区改革、具有全球影响力的科创中心建设、超大城市社会治理等方面推动法治政府建设取得新突破，全面提升政府治理体系和治理能力的现代化水平。着重做好以下工作：

（一）健全法治政府建设领导体制机制

......

（二）为落实国家战略和决策提供法治保障

......

（三）着力构建城市综合管理法治化新格局和共建共享社会治理新格局

......

（四）推进政府组织结构优化和职能转变

......

（五）深化行政审批制度改革

......

（六）严格规范行政权力运行

......

（七）深入推进政务公开

......

（八）加强政府科学立法和规范性文件管理工作

......

（九）深化行政执法体制改革

······

（十）加强社会矛盾纠纷化解

······

（十一）提升法治政府建设保障能力

······（此为下一步工作打算）

以上如有不当，请指正。（此为结尾语）

上海市人民政府

2017年4月14日

例文（综合性工作报告）：

××市人民政府关于我市200×年工作情况的报告

国务院：

200×年，在党中央、国务院的亲切关怀下，在××市委的正确领导下，我市按照中央的要求，坚定不移地推进发展，坚定不移地反对腐败，各项工作取得了一定的成绩。现将有关情况报告如下：（此为总说）

过去的一年，我市取得的成绩主要体现在六个方面。

一是工业生产稳定发展。······

二是农业获得全面丰收。……

三是财政收入显著增加。……

四是外贸出口不断扩大。……

五是引进外资继续增多。……

六是科教文卫事业再上新台阶。……（此为取得的成绩，已写明）

为了做好200×年工作，我市主要采取了四项措施。

一、确保经济发展的速度。……

二、加大改革的力度。……

三、保证社会稳定的程度。……

四、推动反腐败的进度。……（此为做法）

存在的不足是，节能减排部分指标没有完成，极少数动拆迁人员没有得到妥善安排，等等，有待于在今后加以克服。（此为存在的不足，已写明）

新的一年里，我市将继续高举邓小平理论伟大旗帜，全面贯彻"三个代表"重要思想，深入落实科学发展观，以科学发展观统领全局，正确处理好改革、发展和稳定的关系，更加重视民生问题，把各项工作不断推向前进，不辜负党中央、国务院的殷切希望。（此为下步打算）

以上报告，如有不当，请指正。（此为结尾语）

××市人民政府

二〇〇×年一月×日

反映情况（如突发事件）的报告，正文可以写四个部分：

1.总说，包括结论、过渡语（如"现将有关情况报告如下："）。

2.事件的过程，或者基本情况，包括主要原因。

3.已经采取的措施。

4.下一步工作打算，也可以分成"一、……二、……三、……"。

5.结尾语。

四、纪要

正文通常写五个部分：

1.会议简况。包括时间、地点、主持人、议题、出席者。必要时，加上列席者。

2.会议经过。如："会议听取了×××关于……的汇报。"

3.会议观点。如："会议指出，……""会议认为，……""会议强调，……"都是分段叙述。这部分是"虚"的部分。

4.会议成果或者结果。如："会议决定（确定、议定）如下事项（意见）：……"也是分段叙述。这部分是"实"的部分。

5.结尾语。如："会议最后要求……"

注：在纪要中，"会议观点""结尾语"可以省略。"会议成果或者结果"以主持人（领导）讲的为准。"会议观点"与"会议成果或者结果"也可以合并。会议如果有几个议题，拟写纪要时，共用一个"会议简况"，然后将几个议题的内容，通过

分别居中标注"一""二""三"等分开叙述。

例文（一）：

会议议题

关于大学生科技创业工作

　　20××年×月×日上午，在省政府2号会议室，×××副省长主持召开会议，研究大学生科技创业工作。省政府副秘书长×××和省发展改革委、省科委、省人力资源社会保障厅、省教育厅、省财政厅以及省大学生科技创业基金会（以下简称"创业基金会"）等部门、单位的负责同志参加会议。（此为会议简况）

　　会议听取了创业基金会负责同志关于大学生科技创业工作情况的汇报。（此为会议经过）

　　会议指出，创业基金会成立以来，积极探索公益与市场相结合的"双轮驱动"的运作模式，培育了一批发展前景良好的科技型创业企业，增强了青年创业者的创业意识和创业能力，营造了创新创业的良好环境。下一步，省有关部门要继续加大对创业基金会的支持力度；创业基金会要进一步健全完善公益活动管理方式和市场化运行机制，更好地发挥作用。（此为会议观点）

　　经研究，会议确定以下事项：

一、关于创业基金会资本金的补充。……

二、关于创业基金会的功能定位。……

三、关于创业人才队伍的建设。创业基金会要加强创业人才队伍建设，建立优秀创业人才的激励机制，通过培训学习、创业人才补贴等形式，吸引和留住优秀创业人才。同时，可按照有关规定，列出年度创业人才专项经费，用于创业人才队伍建设。（此为会议成果）

例文（二）：

会议议题

一、听取关于全国审计工作会议精神及本市贯彻意见的汇报

二、听取关于本市市政工程建设管理体制改革方案的汇报

三、听取关于完善本市大学生基本医疗保障制度方案的汇报

2007年×月××日上午，××市长主持召开市政府第××次常务会议，常务副市长×××，副市长×××……出席了会议，市委组织部、市发展改革委……等部门、单位的负责同志列席了会议。（此为会议简况）

—

会议听取了市审计局局长×××关于全国审计工作会议精神及本市贯彻意见的汇报。（此为会议经过）

会议指出，审计是政府行政监督的一个重要方面，是规范权力运作、提高行政效能、维护国家和群众利益的重要保障。做好审计工作，对于推进科学民主决策，推进廉政建设和反腐败具有十分重要的意义。各部门和单位要认真贯彻全国审计工作会议精神，结合实际，抓好落实。

会议强调，本市审计工作要坚持"依法审计、服从大局、围绕中心、突出重点、求真务实"的方针，切实发挥审计职能作用。要围绕群众关心、社会关注的问题，更好地履行审计监督职责。同时，加强对新情况、新问题的分析研究，从体制、机制、制度等方面提出建议，特别是要加强对政府性资金和公共性资金监管问题的研究。要全面审计，突出重点，确保各项审计任务落到实处。要进一步加强对重点领域、重点部门、重点资金、重点项目以及高风险、易发生问题领域的审计监督，强化对权力运行的制约和监督。今年要按照中央要求，着重抓好财政预算执行、重点专项资金、重点项目企业、经济责任等方面的审计。对审计中查出的问题，要抓整改，并举一反三，以推动制度建设。要严字当头，严格管理，进一步加强审计队伍自身建设，努力建设一支政治可靠、作风优良、业务精湛、廉洁奉公的审计队伍，不断提高审计质量和工作水平。要采取有效措施，切实加强会计师事务所等中介服务机构的诚信建设。（此为会议观点和会议结果）

二

会议听取了市市政局局长××关于本市市政工程建设管理

体制改革方案的汇报，原则同意该方案。（此为会议经过）

　　会议指出，进一步推进政企分开、政事分开、管办分离，是新形势下加快政府职能转变，探索建立与社会主义市场经济体制相适应的行政管理体制的重要举措。市政系统管理体制改革是本市继水务、环卫、民防等系统管理体制改革后的又一项重要改革，在推进过程中，市市政局等有关部门要按照平稳、有序的要求，切实做好工作，为搞好"枢纽型、功能性、网络化"市政基础设施建设提供体制保证。（此为会议观点和会议结果）

三

　　会议听取了市医保局局长×××关于完善本市大学生基本医疗保障制度方案的汇报。（此为会议经过）

　　会议指出，完善本市大学生基本医疗保障制度，是按照"保基本、广覆盖"的要求，进一步完善社会保障体系，加快构建社会主义和谐社会的一项新的举措。在工作推进中，要坚持当前和长远相结合，切实把好事办好。（此为会议观点）

　　会议要求市医保局会同有关部门根据讨论意见，对该方案作进一步的修改、完善后，按规定程序报批。（此为会议结果）

五、函

从内容上看，可以分成去函和复函这两种。

去函正文通常写三个部分：

1.事由。

2.理由、要求。

3.结尾语。根据是否需要对方回复，来确定使用哪一种。

复函通常写三个部分：

1.收文情况。如："贵单位《关于……的函》收悉。"或者："沪民发〔2010〕8号文收悉。"

2.回复意见。必要时，可以分成"一、……二、……三、……"。

3.结尾语。

例文（去函）：

××市人民政府办公厅关于邀请总政歌舞团前来演出的函

总政歌舞团：

今年9月1日至10日，我市将举行一年一度的××文化艺术节，特邀请总政歌舞团等一批艺术团体前来演出。（此为事由）

总政歌舞团在军内外享有很高的声誉。贵团良好的技艺、精湛的表演，赢得了我市人民的喜爱。这次××文化艺术节期间，拟安排贵团演出三场，相信这对烘托××市文化艺术节的气氛，提高××市文化艺术节的档次，丰富我市人民的文化生活，具有重要作用。如蒙同意，近期我市将委派市文化艺术节组委会办公室同志专程赴京，与贵团商谈细节。（此为理由、要求）

以上请予支持并盼复。（此为结尾语）

××市人民政府办公厅

2012年7月8日

例文（复函）：

××市人民政府关于同意作为第三届中国服务贸易大会
支持单位的函

商务部：

商服贸函〔2011〕××号文收悉。（此为收文情况）

经研究，我们同意作为第三届中国服务贸易大会支持单位。我市的国内城市洽谈区参展工作，由市商务委负责。（此为回复意见）

特此函复。（此为结尾语）

××市人民政府

二〇一一年五月十三日

六、批复

正文通常写四个部分：

1.收文情况。如："你们《关于……的请示》收悉。"或者："人社发〔2010〕40号文收悉。"

2.批复意见。分三种情况："同意""原则同意""不同意"。如："经市政府研究，市政府同意你们……"一般来说，"同意""原则同意"的情况居多，"不同意"的情况很少。对"不同意"，表达时比较婉转，如："考虑到此事涉及面较广、社会影响较大，有关工作暂缓实施。"

3.补充要求。如："希望你们……"

4.结尾语。

注：在批复中，"补充要求"可以省略。如果省略，就是一般性批复；如果不省略，就是重要性批复。

例文（一般性批复）：

××市人民政府关于同意调整本市最低工资标准的批复

市人力资源社会保障局：

人社综字〔2013〕××号文收悉。（此为收文情况）

经研究，市政府同意你们《关于调整本市最低工资标准的请示》。调整后的本市最低工资标准从今年4月1日起执行，请会同有关部门和单位组织实施。（此为批复意见）

特此批复。（此为结尾语）

××市人民政府

2013年3月9日

例文（重要性批复）：

××市人民政府关于同意撤销××街道、
××街道组成××街道的批复

××区人民政府：

你们《关于撤销××街道、××街道组成××街道的请示》收悉。（此为收文情况）

经研究，市政府同意你们撤销××街道、××街道，组成××街道。组成后的××街道的管辖范围、管辖人口，为原××街道、××街道的管辖范围、管辖人口。（此为批复意见）

希望你们在撤并两个街道的过程中，在市有关部门的支持和指导下，采取有效措施，确保思想不散、秩序不乱、工作不断、干劲不减、国有资产不流失，促进街道管理平稳过渡和进一步加强。（此为补充要求）

特此批复。（此为结尾语）

××市人民政府

2012年9月10日

七、通报

从内容上看，通报分为表彰性、批评性和传达性这三种。用得比较多的是表彰性、批评性这两种。

表彰性通报，正文通常写两个部分：

1.表彰内容。

2.提出希望（或者要求）。一般包括对被表彰者的希望和对其他单位（人员）的希望。

例文（表彰性通报）：

上海市人民政府关于
表扬2018年本市政务新媒体工作先进单位的通报

各区人民政府，市政府各委、办、局：

2018年，各区、各有关部门和单位按照市委、市政府部署，加强政务微信、微博等新媒体建设，在推动政务信息公开、强化政策宣传解读、有效引导网络舆论、推进"一网通办"建设等方面成效显著，为助力服务型政府建设、深化政民良性互动发挥了重要作用，得到了广大市民群众的好评。为此，市政府决定，对2018年上海政务新媒体工作先进单位予以通报表扬（名单附后）。（此为表彰内容）

希望受表扬的单位再接再厉，争取更大成绩。

希望各区、各部门和单位向先进学习，按照"权威、创新、服务、时效、引领"的要求，争取政务新媒体建设的新成效，为上海加快建设"五个中心"和具有世界影响力的社会主义现代化国际大都市营造更好的舆论环境。（此为提出希望）

上海市人民政府

2019年1月19日

注：附件已省略。

批评性通报，正文通常写五个部分：

1.总说。包括定性、目的、依据、过渡语。

2.事情经过。

3.原因分析。

4.处分（处理）情况。这部分内容如果没有，则省略。原因分析、处分（处理）情况也可以合并。

5.下步要求。

例文（批评性通报）：

××市人民政府办公厅关于

近期本市发生4起火灾事故的通报

各区、县人民政府，市政府有关委、办、局：

今年10月下旬以来，本市接连发生了4起火灾事故，给国家、集体利益和人民生命财产造成了严重损失。为了吸取教训，防止类似事故发生，根据市领导的批示精神，现将有关情况通报如下：（此为总说）

10月28日，××公司发生火灾，造成直接财产损失约72.4万元。

11月8日，××路315号一仓库发生火灾，造成直接财产损失约51.3万元。

11月27日，××公司因员工违章使用电焊，导致一个储有4吨二甲苯的储罐发生火灾，造成2人受伤，直接财产损失约2.8万元。

11月28日，××厂一生产装置发生物理性爆炸，造成1人烫伤，并发生火灾。（此为事情经过）

上述火灾事故，暴露出少数单位对消防安全工作思想不重视、责任不落实、措施不到位，以及违章操作情况严重等问题。有关部门正按照"事故原因未查清不放过、责任人未处理不放过、整改措施未落实不放过、有关人员未受到教育不放过"的原则，依法严肃处理。（此为原因分析和处理情况）

当前，本市已进入冬季火灾多发期，市民用火、用电、用油和用气量大幅增加，诱发火灾的因素相应增多，消防安全工作任务更趋繁重和艰巨。各区县、各部门、各单位要进一步加强消防安全工作，全力遏制火灾事故多发势头，确保不发生群死群伤的重特大火灾事故。

一、提高思想认识，切实健全和落实消防安全责任制。……

二、**加强防范措施，大力开展冬季消防安全检查。**各区县、各部门、各单位要结合冬季火灾事故特点，以人员密集场所、易燃易爆物品生产和储存单位、标志性建筑、大型在建工地、大型活动场所以及涉及国计民生的粮、棉、油、水、电、煤、通信等单位为重点，迅速开展消防安全检查，及时发现、整改消防组织制度不健全、灭火器材不足、消防通道不畅、消防设施运行不良等违反消防法律法规的行为。对一时难以整改的，要落实临时防范措施，并加强值班巡逻，严防火灾事故的发生。对不具备消防安全基本条件、严重危及人民生命财产安全的场所和单位，要责令其停业整改。各级公安消防部门要进一步健全重大火灾隐患报告制度，及时掌握相关单位对重大火灾隐患整改的进展情况，指导制定整改措施，狠抓跟踪督促落实。同时，要充分发动社区和农村各类群众组织，加强对居（村）民住宅和外来流动人员聚居地的消防安全检查，落实对孤寡老人、精神病患者和残疾人等弱势群体的消防安全监护措施，适时组织群众开展灭火逃生演练，提升社区和农村抗御火灾事故的能力。此外，各地区、各相关部门要按照市政府召开的2006年春节期间烟花爆竹安全管理工作电视电话会议精神，加强对烟花爆竹的安全管理，严厉打击非法运输、存储、销售、燃放烟花爆竹的活动，规范烟花爆竹市场秩序。

三、**深化宣传教育，不断增强市民的消防安全意识。**各区县、各部门、各单位要把普及消防法律法规、消防安全常识作为一项经常性的重要工作常抓不懈，不断规范单位和市民的消防安全行为，切实增强全社会防范火灾的能力。要充分利用报纸、电台、电视台、网络等媒体，采取多种形式开展宣传，进一步提高市民群众的消防安全意识和自我保护能力。在社区，要重点加强对老人、儿童等弱势群体及精神病患者监护人员的宣传；在企事业单位，要重点加强消防安全责任人、消防安全管理人以及易燃易爆等重点岗位人员的教育，并强化对特殊工种人员消防职业技能的培训。同时，各新闻媒体要进一步加强消防安全公益宣传，对严重违反消防法律法规、存在重大火灾隐患的单位予以曝光，并进行深度报道和跟踪报道。

四、加强战备执勤，确保消防安全万无一失。……（此为下步要求）

××市人民政府办公厅

二〇〇五年十二月二十日

八、意见

前面说过，意见与通知都可以用来部署、安排工作。如果说通知带有刚性的话，那么意见则相对带有柔性。

用来部署、安排工作的意见，正文通常写两个方面：

1.总说。包括背景、目的、依据、过渡语（如"现提出……意见如下："或者"现就……提出如下意见："）。背景、目的也可以省略。

2.具体事项或者具体要求。可以分成"一、……二、……三、……"。

如果需要，最后也可以加一段话："各单位可根据本意见，结合实际，制定实施意见。"

例文：

上海市人民政府办公厅关于加快推进体育强市建设的意见

各区、县人民政府，市政府各委、办、局：

《上海市国民经济和社会发展第十二个五年规划纲要》明确提出了"发展服务市民健康的体育事业和体育产业，增强市民体质，提升竞技体育水平，建设体育强市"的奋斗目标，并规定了具体任务。为促进上海体育事业和体育产业全面协调可持续发展，现根据市政府的要求，就加快推进建设体育强市提出如下意见：（此为总说）

一、充分认识体育强市建设的重要意义

体育是社会发展和人类文明进步的重要标志，是综合国力和社会文明程度的重要体现，是文化软实力的重要组成部分。大力发展体育事业，是坚持以人为本、推动科学发展、促进社会和谐的重要任务，对提高广大市民的健康素质，弘扬集体主义、爱国主义和上海城市精神，增强民族向心力、经济生产力、城市影响力和社会凝聚力，对拉动经济增长，推进对外交往和合作，推动经济社会协调发展，都具有重要意义。

各区县、各部门要从战略和全局的高度，充分认识体育工作的重要地位和作用，立足当前，着眼长远，统筹规划，推进落实。要把建设体育强市作为提高市民生活质量的重要手段，作为促进体育事业发展的重大步骤，进一步增强广大市民的体育热情和健身意识，为广大市民提供更多更好的公共体育服务;把建设体育强市作为推进和谐社会的重要举措，作为坚持"公正、包容、责任、诚信"的价值取向、促进文化大发展大繁荣的重要内容，通过体育运动的开展和体育精神的弘扬，增强广大市民的自豪感和凝聚力，进一步提高文明素质;把建设体育强市作为经济社会发展转型的重要机遇，作为促进经济增长的重要方面，加快体育产业、休闲产业、旅游产业、健康产业的发展步伐，充分利用和发挥体育所蕴含的多元功能和效应，为建设社会主义现代化国际大都市作出积极贡献。

二、明确体育强市建设的总体目标和主要任务

（一）总体目标

以科学发展观为统领，以建设体育强市为目标，以满足市民不断增长的体育需求和提高市民生活质量为基本任务，以构建并完善公共体育服务体系为重点，以为民服务为宗旨，广泛开展全民健身运动，不断提高竞技体育水平，促进体育产业发展，努力

实现上海体育的新发展、新跨越，体育发展总体水平处于全国前列。力争到2015年，把上海基本建设成为全民健身体质增强、竞技体育成绩突出、体育产业发展迅速、重大赛事效益显著、体育文化氛围浓郁的具有国际知名度和影响力的国际体育强市。

（二）主要任务

1.全民健身迈上新台阶。……

2.竞技体育创造新成绩。……

3.体育产业实现新突破。……

4.体育赛事提高新效益。……

5.业余训练培育新人才。……

6.体育设施提升新层次。……

三、加强体育强市建设的组织领导

各级政府要从上海"四个中心""四个率先"和现代化国际大都市建设的高度，把体育强市建设作为提高上海市民整体素质、提升上海城市形象、推动上海经济社会发展的大事，切实加强领导，并将其纳入经济社会发展规划，协调各方，合力推进。要加大政策支持力度，用发展的手段解决体育事业发展过程中的实际问题。加大资金投入力度，把体育事业经费、基本建设资金列入财政预算和基本建设投资计划，并随着财政收入的增长而逐步增加。市体育部门要建立相应机构，统一领导、指导和协调体育强市建设工作的开展，并将工作进展情况及时报告市政府。

建设体育强区（县）是体育强市建设的前提和基础。各区

（县）要把此项工作摆上议事日程，深入开展"体育创强"活动。市体育部门要科学制定建设体育强市、强区（县）指标体系，量化、细化体育强区（县）测评体系，把"体育创强"工作纳入绩效考核体系，组织开展建设体育强区（县）工作的评估考核，出台激励政策，不断推进全市体育工作迈上新台阶。

发展与改革、规划土地、财政、教育、卫生、旅游、文化、绿化等部门要认真履行职责，加强协调配合，积极支持体育事业发展。体育部门要充分发挥职能作用，切实把体育事业作为民生体育和提高市民幸福指数的实事来抓。要创新工作方式，进一步加强对体育工作的统筹协调，细化工作措施，分解任务、落实责任，并建立激励机制和责任追究制度，加大工作推进力度，不断开创体育强市的新局面。（此为具体要求）

上海市人民政府办公厅
二〇一一年十二月二十一日

九、公告

正文通常写三个方面：

1.总说。包括背景、目的、依据、过渡语（如"现将……公告如下："）。其中，背景、目的也可以省略。

2.公告事项。可以分成"一、……二、……三、……"展开。

3.公告施行时间。有的可以省略。

注：公告的标题，一般由发文单位+文种组成。

例文：

国务院第七次全国人口普查领导小组办公室公告

根据《中华人民共和国统计法》和《全国人口普查条例》规定，国务院决定于2020年开展第七次全国人口普查。现将有关事项公告如下：（此为总说）

一、普查对象：普查标准时点在中华人民共和国境内的自然人以及在中华人民共和国境外但未定居的中国公民，不包括在中华人民共和国境内短期停留的境外人员。

二、普查内容：姓名、公民身份号码、性别、年龄、民族、受教育程度、行业、职业、迁移流动、婚姻生育、死亡、住房情况等。

三、普查时间：普查标准时点是2020年11月1日零时。入户工作时间是2020年10月11日至12月10日。

四、普查方式：由政府人口普查机构派普查员到住户家中进行登记，或由住户自主填报普查短表。普查员、普查指导员入户登记时应出示县级以上人民政府人口普查机构统一颁发的工作证件。

五、依据《中华人民共和国统计法》和《全国人口普查条例》规定，公民有义务配合人口普查，如实提供普查所需资料。各级普查机构及其工作人员，对普查对象的个人信息必须严格保密。

六、地方各级人民政府、各部门、各单位及其负责人，各级普查机构和普查人员在普查工作中如有违法行为，将依法依规追究相关法律责任。人口普查对象阻碍普查机构和普查人员依法开展人口普查工作，构成违反治安管理行为的，将由公安机关依法给予处罚。请社会各界及全体普查对象，积极支持配合第七次全国人口普查工作。（此为公告事项）

国务院第七次全国人口普查领导小组办公室

2020年10月1日

十、通告

通告与公告一样，正文通常也是写三个方面：

1.总说。包括背景、目的、依据、过渡语（如"现将……通告如下："）。其中，背景、目的也可以省略。

2.通告事项。可以分成"一、……二、……三、……"展开。

3.通告施行时间。有的可以省略。

例文：

上海市人民政府关于首届中国国际进口博览会期间进一步加强乘坐公共交通工具安全检查的通告

为维护社会公共安全，确保首届中国国际进口博览会顺利举行，首届中国国际进口博览会期间本市进一步加强对乘坐公共交通工具乘客及其随身物品的安全检查。现将有关事项通告如下：
（此为总说）

一、公共交通运营单位应当严格落实乘坐公共交通工具安全检查措施，在常态安检的基础上，进一步加强临查抽检，对可疑的人员和物品做到必问、必查，防止乘客携带易燃、易爆、有毒、放射性、腐蚀性物品以及枪支弹药、管制器具等可能危及人身和财产安全的危险物品进站、乘车。

二、市民乘坐轨道交通、公交车、长途客运车等公共交通工具，应当自觉维护公共安全，主动配合接受安全检查。发现他人携带危险物品乘坐公共交通工具的，应当积极劝阻；经劝阻不听的，应当立即向公共交通运营单位或者公安机关举报。

三、公共交通运营单位工作人员发现乘客携带危险物品或者拒不接受安全检查的，应当拒绝其乘坐公共交通工具；对坚持携带危险物品乘坐公共交通工具的，应当立即报告公安机关。

四、对违反本通告规定，携带危险物品乘坐公共交通工具或者拒不接受安全检查扰乱公共秩序，以及其他构成违反治安管理行为的，由公安机关依据《中华人民共和国治安管理处罚法》进行处罚；构成犯罪的，依法追究刑事责任。（此为通告事项）

本通告自2018年10月23日起施行，有效期至2018年11月12日。（此为通告施行时间）

上海市人民政府

2018年9月29日

十一、命令（令）

通常，公布行政法规和规章、宣布施行重大强制性措施用令，批准授予和晋升衔级、嘉奖有关单位和人员用命令。

嘉奖有关单位和人员的命令，正文通常写三个部分：

1.被嘉奖单位和人员事迹。

2.嘉奖内容。

3.希望，或者要求、号召。

例文（嘉奖单位和人员的命令）：

国务院对民航2402机组的嘉奖令

一九八九年十一月三日，中国西南航空公司2402机组驾驶波音707飞机执行哈尔滨至广州的4632次航班任务，飞机从哈尔滨阎家岗机场起飞，当飞行至湖南醴陵上空时，一名腰缠自制爆炸装置的歹徒窜入一等舱，以炸机相威胁，企图劫持飞机。2402机组全体成员为保护国家财产和旅客生命安全，维护社会主义祖国的神圣尊严，在机长梁录星同志的沉着指挥下，群策群力，机智勇敢地与劫机犯周旋了一个多小时，使飞机安全降落在广州白云机场；张俊余同志在机组其他同志配合下，奋不顾身擒拿了罪犯，粉碎了这起劫机事件。（此为被嘉奖单位和人员事迹）

为了表彰这一英雄事迹，国务院决定：授予2402机组"中国

民航英雄机组"称号，授予梁录星、张俊余同志"中国民航反劫机英雄"称号。（此为嘉奖内容）

国务院号召民航空勤人员和广大职工向英雄的2402机组学习，努力做好本职工作，保证空防安全和飞行安全，为我国的改革开放和社会主义现代化建设做贡献。（此为号召）

国务院

一九九〇年一月三日

十二、决定

（一）对重要事项作出决策和部署的决定

正文通常写三个部分：

1.背景、目的、依据、决策内容或者部署内容。其中，背景、目的也可以省略。

2.下步要求。

3.施行时间。有的可以省略。

例文：

上海市人民政府关于取消和调整一批行政审批等事项的决定

各区、县人民政府，市政府各委、办、局：

　　按照《国务院关于取消一批职业资格许可和认定事项的决定》（国发〔2015〕41号）精神，市政府决定，取消和调整一批行政审批等事项，共计14项。其中，取消8项，调整6项。在取消的行政审批等事项中，有2项属于涉密事项，按照规定另行通知。现将上述取消和调整的12项行政审批等事项目录予以公布。（此为依据、决策内容）

　　各区县、各有关部门要抓紧做好取消和调整行政审批等事项的落实和衔接工作，切实加强后续监管。要深化行政管理体制改革，进一步转变政府职能，持续推进简政放权、放管结合、优化服务，提高政府效能，为企业松绑减负，为创业创新清障搭台，激发市场活力和社会创造力，促进经济社会发展。（此为下步要求）

　　本决定自2016年3月1日起施行。（此为施行时间）

　　附件：1.市政府决定取消的技能人员职业资格许可和认定事
　　　　　　项目录（共6项）
　　　　　2.市政府决定调整的行政审批事项目录（共6项）

上海市人民政府

2016年2月2日

　　（注：附件已省略）

（二）嘉奖有关单位和人员的决定

正文通常写三个部分：

1.被嘉奖单位和人员事迹。

2.嘉奖内容。

3.希望，或者要求、号召。

例文：

上海市人民政府关于表彰刘子歌等52名
运动员、教练员、科研人员的决定

各区、县人民政府，市政府各委、办、局：

在第二十九届北京奥运会上，上海有66名运动员、20名教练员入选中国体育代表团，参加奥运会19个大项、23个分项的比赛，共夺得4.5枚金牌、3枚银牌、10枚铜牌，4人次打破3项世界纪录，创造了上海选手参加奥运会的历史最好成绩。同时，上海运动员在奥运赛场展现了良好的精神风貌，实现了运动成绩和精神文明双丰收的参赛目标。（此为被嘉奖人员事迹）

为表彰在本届奥运会上做出突出贡献的上海运动员、教练员、科研人员，市政府决定：

一、授予运动员刘子歌、……上海市劳动模范荣誉称号；

二、给予运动员庞佳颖、……记一等功一次；

三、给予运动员王磊、……记二等功一次。（此为嘉奖内容）

希望全市体育健儿向中国体育代表团和上述受表彰的运动员、教练员、科研人员学习，进一步弘扬振兴中华体育精神和奥林匹克精神，继续刻苦训练，不断提高竞技水平，争取在明年第十一届全国运动会上再创佳绩，再立新功。

希望全市各行各业以中国体育代表团和上述受表彰的运动员、教练员、科研人员为榜样，勇于攻坚克难，做好各项工作，为上海加快推进"四个率先"、建设"四个中心"和社会主义现代化国际大都市而努力奋斗。（此为希望，已写明）

上海市人民政府

二〇〇八年九月八日

十三、决议

正文通常写三个部分：

1.会议简况。包括时间、出席者、列席者、主持者、议题。

2.会议作出的工作评价，讨论通过的重要决定、重大事项和提出的要求。这部分可以按照不同的内容，分开叙述。

3.结束语。

注：决议的标题，一般由会议名称+文种组成。在标题的下方，用括号标注通过的时间。

例文：

中国共产党上海市第十一届委员会第十次全体会议决议
（2020年11月25日中国共产党上海市第十一届委员会第十次
全体会议通过）

中国共产党上海市第十一届委员会于2020年11月25日召开第十次全体会议。出席这次全会的有市委委员81人，市委候补委员2人。市纪委委员、有关方面负责同志和部分党的十九大上海代表、市第十一次党代表大会代表列席了全会。全会由市委常委会主持。全会审议通过了《中共上海市委关于深入学习贯彻习近平总书记在浦东开发开放30周年庆祝大会上重要讲话精神的决定》和《中共上海市委关于制定上海市国民经济和社会发展第十四个五年规划和二〇三五年远景目标的建议》，听取和审议了李强同志受市委常委会委托作的工作报告。李强同志作了讲话。（此为会议简况）

全会指出，习近平总书记出席浦东开发开放30周年庆祝大会并发表重要讲话，对浦东高水平改革开放作出全面部署，赋予上海新的历史使命，这是上海发展进程中具有里程碑意义的大事。习近平总书记的重要讲话为上海推进更深层次改革、更高水平开放、奋力创造新时代新奇迹指明了前进方向，提供了根本遵循和行动指南。要把学习宣传贯彻习近平总书记重要讲话精神作为全

市当前和今后一个时期的重大政治任务和头等大事，精心组织宣传，深入开展培训，迅速兴起学习热潮。……（此为会议提出的要求）

全会同意市委常委会工作报告，充分肯定十一届市委八次全会以来市委常委会的工作。……（此为会议作出的工作评价，讨论通过的重大事项和提出的要求）

全会充分肯定"十三五"时期上海发展取得的显著成就。……

全会提出了到二〇三五年的远景目标，这就是：国际经济、金融、贸易、航运、科技创新中心和文化大都市功能全面升级，基本建成令人向往的创新之城、人文之城、生态之城，基本建成具有世界影响力的社会主义现代化国际大都市和充分体现中国特色、时代特征、上海特点的人民城市，成为具有全球影响力的长三角世界级城市群的核心引领城市，成为社会主义现代化国家建设的重要窗口和城市标杆。

全会提出了"十四五"时期经济社会发展指导思想、必须遵循的原则和主要目标，强调要深入贯彻党的十九大和十九届二中、三中、四中、五中全会精神，坚持以习近平新时代中国特色社会主义思想为指导，深入贯彻习近平总书记考察上海重要讲话和在浦东开发开放30周年庆祝大会上重要讲话精神，深入践行"人民城市人民建，人民城市为人民"重要理念，坚持稳中求进工作总基调，面向全球、面向未来，对标国际最高标准、最好水平，勇于挑最重的担子、啃最硬的骨头，以推动高质量发展、创造高品质生活、实现高效能治理为目标导向，以推进浦东高水平改革开放和三项新的重大任务为战略牵引，以强化"四大功能"、深化"五个中心"建设、推动城市数字化转型、提升城市能级和核心竞争力为主攻方向，以深化供给侧结构性改革、扩大高水平开放为根本动力，统筹发展和安全，加快打造国内大循环的中心节点、国内国际双循环的战略链接，加快推进城市治理体系和治理能力现代化，加快建设具有世界影响力的社会主义现代化国际大都市。……

全会要求，"十四五"时期，要主动服务新发展格局，打造国内大循环的中心节点、国内国际双循环的战略链接；着力强化"四大功能"，加快推动经济高质量发展；全力打造改革开放新高地，建设更高水平开放型经济新体制；大力弘扬城市精神品格，持续提升城市文化软实力；持续改善生态环境质量，加快建设生态宜居城市；努力创造高品质生活，更好满足人民对美好生活的向往；着力加强全周期管理，全面提升超大城市治理现代化水平。

全会强调，实现"十四五"规划和二〇三五年远景目标，必须切实加强党的全面领导。要增强"四个意识"、坚定"四个自信"、坚决做到"两个维护"，认真落实新时代党的建设总要求，不断提高党的建设质量和水平。……

全会指出，要扎实做好"十三五"收官、"十四五"开局各项工作，把握发展主动权；切实做好外防输入、内防反弹工作，确保疫情防控万无一失；全力抓紧经济稳增长，尽最大努力争取最好的结果；加快推进民生实事工程，认真做好送温暖工作；把维护城市生产安全和运行安全作为重中之重，确保社会安定有序。（此为讨论通过的重大事项和提出的要求）

明年是中国共产党成立100周年，上海是中国共产党诞生地，全市各级党组织和广大党员干部群众要更加紧密地团结在以习近平同志为核心的党中央周围，众志成城、开拓进取，奋力创造新时代上海发展新奇迹，为夺取全面建设社会主义现代化国家新胜利而不懈奋斗！（此为结束语）

十四、公报

公报用于公布重要决定或者重大事项。而重要决定或者重大事项往往通过重要会议作出或者部署，故这类公报的写法与决议相似，正文通常也是写三个部分：

1.会议简况。包括时间、出席者、列席者、主持者、议题。

2.会议作出的工作评价，讨论通过的重要决定、重大事项和提出要求。这部分可以按照不同的内容，分开叙述。

3.结束语。

注：公报的标题，一般由会议名称+公报组成。在标题的下方，用括号标注通过的时间。结束语也可以省略。

例文：

中国共产党第十八届中央委员会第二次全体会议公报
（2013年2月28日中国共产党第十八届中央委员会第二次全体
会议通过）

中国共产党第十八届中央委员会第二次全体会议,于2013年2月26日至28日在北京举行。

出席这次全会的有中央委员204人,候补中央委员168人。有关负责同志列席了会议。

全会由中央政治局主持。中央委员会总书记习近平作了重要讲话。（此为会议简况）

全会听取和讨论了习近平受中央政治局委托作的工作报告,审议通过了中央政治局在广泛征求党内外意见、反复酝酿协商的基础上提出的拟向十二届全国人大一次会议推荐的国家机构领导人员人选建议名单和拟向全国政协十二届一次会议推荐的全国政协领导人员人选建议名单,决定将这两个建议名单分别向十二届全国人大一次会议主席团和全国政协十二届一次会议主席团推荐。审议通过了在广泛征求意见的基础上提出的《国务院机构改革和职能转变方案》。李克强就《国务院机构改革和职能转变方案(讨论稿)》向全会作了说明。全会建议国务院将这个方案提交十二届全国人大一次会议审议。

　　全会充分肯定党的十八届一中全会以来中央政治局的工作。一致认为,面对严峻复杂的国际环境和艰巨繁重的国内改革发展稳定任务,中央政治局全面贯彻党的十八大和十八届一中全会精神,高举中国特色社会主义伟大旗帜,以邓小平理论、"三个代表"重要思想、科学发展观为指导,团结带领全党全军全国各族人民,解放思想,改革开放,凝聚力量,攻坚克难,按照稳中求进的工作总基调,着力转变工作作风,着力推动经济持续健康发展,实施"十二五"规划纲要,全面推进社会主义经济建设、政治建设、文化建设、社会建设、生态文明建设,全面推进党的建设新的伟大工程,各项工作取得新进展。

　　全会认为,开好十二届全国人大一次会议和全国政协十二届一次会议,对进一步动员全党全国各族人民为全面建成小康社会、不断夺取中国特色社会主义新胜利而团结奋斗,具有重大意义。

　　全会强调,行政体制改革是推动上层建筑适应经济基础的必然要求,要深入推进政企分开、政资分开、政事分开、政社分开,健全部门职责体系,建设职能科学、结构优化、廉洁高效、人民满意的服务型政府。全会通过的《国务院机构改革和职能转变方案》,贯彻党的十八大关于建立中国特色社会主义行政体制目标的要求,以职能转变为核心,继续简政放权、推进机构改革、完善制度机制、提高行政效能,稳步推进大部门制改革,对减少和下放投资审批事项、减少和下放生产经营活动审批事项、减少资质资格许可和认定、减少专项转移支付和收费、减少部门职责交叉和分散、改革工商登记制度、改革社会组织管理制度、改善和加强宏观管理、加强基础性制度建设、加强依法行政等作出重大部署。要深刻认识深化行政体制和政府机构改革的重要性和紧迫性,处理好政府和市场、政府和社会、中央和地方的关系,深化行政审批制度改革,减少微观事务管理,以充分发挥市场在资源配置中的基础性作用、更好发挥社会力量在管理社会事务中的作用、充分发挥中央和地方两个积极性,加快形成权界清晰、分工合理、权责一致、运转高效、法治保障的国务院机构职能体系,切实提高政府管理科学化水平。要坚持以人为本、执政为民,在服务中实施管理,在管理中实现服务。要加强公务员队伍建设和政风建设,改进工作方式,转变工作作风,提高工作效率和服务水平,提高政府公信力和执行力。国务院机构改革和职能转变任务艰巨,事关改革发展稳定大局,事关社会主义市场经济体制完善,要精心组织实施,确保改革顺利进行。

全会认为,进一步把学习宣传贯彻党的十八大精神引向深入,对做好党和国家各项工作具有重大意义。要继续把学习宣传贯彻党的十八大精神作为全党全国的首要政治任务,在学习理解上深化,在宣传阐释上深化,在贯彻落实上深化,确保把党的十八大确定的各项任务落到实处。把学习宣传贯彻活动引向深入,重在领导带头,贵在深入持久,关键在进一步转变作风、端正学风、改进文风,在求实、务实、落实上下功夫,在学以致用、学用结合、学用相长上下功夫。要坚持用党的十八大精神武装头脑、指导实践、推动工作,着力回答和解决实际问题。

全会强调,当前,国际形势依然复杂多变,国内改革发展稳定任务依然艰巨繁重,我们具有做好工作的许多有利条件,但也面对着许多严峻挑战。全党同志要增强忧患意识和风险意识、保持清醒头脑,增强工作前瞻性、进取性、创造性。要进一步保持经济发展良好势头,紧紧围绕以科学发展为主题、以加快转变经济发展方式为主线,坚持稳中求进,坚持扩大内需,加大统筹城乡发展力度,强化创新驱动,加快产业结构战略性调整,继续实施区域发展总体战略和主体功能区战略,积极稳妥推进城镇化,加强节能减排,推动经济持续健康发展。要进一步做好保障和改善民生工作,时刻把群众安危冷暖放在心上,落实好各项惠民政策,完善基本公共服务体系,加大对扶贫对象和贫困地区的扶持力度,不断在实现全体人民学有所教、劳有所得、病有所医、老有所养、住有所居目标上取得实实在在的进展。要进一步深化改革开放,尊重人民首创精神,深入研究全面深化体制改革的顶层设计和总体规划,把经济、政治、文化、社会、生态等方面的体制改革有机结合起来,把理论创新、制度创新、科技创新、文化创新以及其他各方面创新有机衔接起来,构建系统完备、科学规范、运行有效的制度体系。要进一步加强党的建设,突出党要管党、从严治党,增强自我净化、自我完善、自我革新、自我提高能力,全面加强党的思想建设、组织建设、作风建设、反腐倡廉建设、制度建设。对党内存在的突出矛盾和问题,不能视而不见,不能回避,不能文过饰非,必须下大气力加以解决。要持之以恒抓好改进工作作风各项工作,建立健全管用的体制机制,不断取得人民满意的成效,以此带动党的建设各方面工作。（此为会议作出的工作评价，讨论通过的重要决定、重大事项）

全会号召,全党全国各族人民更加紧密地团结起来,在以习近平同志为总书记的党中央领导下,坚定不移坚持和发展中国特色社会主义,锐意进取,扎实工作,团结奋进,为实现党的十八大确定的目标任务而共同奋斗。(此为结束语)

十五、议案

正文通常写两个部分:

1.缘由。

2.提请审议的事项。

例文:

××市人民政府关于提请审议

《××市2020年市本级预算调整方案（草案）》的议案

××市人民代表大会常务委员会:

经国务院批准，2020年我国继续发行地方政府债券。财政部核定，本市2020年地方政府债券发行规模为××亿元，其中，3年期债券××亿元，5年期债券××亿元。（此为缘由）

　　财政部《关于做好发行2020年地方政府债券有关工作的通知》（财预〔2020〕××号）明确，地方政府债券收支纳入各地区政府年度预算，报同级人大审批;政府年度预算已经同级人大批准的，要及时编制预算调整方案，并报同级人大常委会审批。根据《中华人民共和国预算法》有关规定和财预〔2020〕××号文精神，市财政局拟订了《××市2020年市本级预算调整方案（草案）》并经市政府同意，现提请市人大常委会审议。（此为提请审议的事项）

××市人民政府

2020年×月××日

第二节 常用非公文的简况和写法

15种公文以外的其他文书，也就是非公文。非公文写作同样讲求言之有序、言之有物、言之有理、言之有据、言之有规。这里，主要介绍一下计划、总结、简报（信息）、讲话稿、调研报告（考察报告）、规定、办法、方案、贺电（贺信、贺词）、慰问电（慰问信）等10种常用非公文的简况和写法。

一、计划

（一）简况

计划也称为规划、设想、打算、要点，是对今后一段时期工作的考虑、安排，或者对某项活动、某个事项办理的安排。计划可以分成工作计划、活动计划、事项计划等。

拟写计划要注意四点。一是突出重点。否则，"面面俱到，样样不到"。二是便于操作。防止太空、太虚。三是留有余地。话不能说得太满。四是夹叙夹议。否则，"要……要……要……"，都是"要"，太单调。

（二）写法

计划包括：标题、正文、落款、日期。根据情况，落款、日期也可以省略。

标题通常为：事由+文种。如，《上海市推进"菜篮子"工程建设的计划》。

正文通常写四个部分：

1.总说（形势或者情况分析）。

2.总的要求或者指导思想。

3.主要目标或者主要指标。可以分成"一、……二、……三、……"展开。

4.具体任务或者措施。可以分成"一、……二、……三、……"展开。

注："总说"和"总的要求或者指导思想"可以合并。"总的要求或者指导思想"和"主要目标或者主要指标"也可以省略。

例文：

2020年上海市语言文字工作要点

2020年是决战决胜脱贫攻坚和全面建成小康社会之年，是"十三五"规划收官之年。上海市语言文字工作要坚持以习近平新时代中国特色社会主义思想为指导，深入贯彻党的十九大和十九届二中、三中、四中全会精神，落实全国和上海市教育大会精神，加强语言文字法律法规的贯彻实施，提升语言文字工作的治理能力，推动新时代语言文字事业高质量发展。（此为总的要求）

一、加强社会语言文字应用依法管理

（一）继续开展督导评估。根据《语言文字工作督导评估暂行办法》《上海市区县语言文字工作督导评估指标》的要求，开展对浦东新区、静安区语言文字工作的综合督政。

（二）开展社会语言文字应用监督监测。指导、督促区语委继续做好公共场所语言文字应用的监督监测工作。健全"语委牵头、条块结合、专家和志愿者共同参与"的联动监管机制和规范有序的工作程序。开展对重点服务行业和公共场所语言文字应用情况的监测。加大对图书和本市政府网站语言文字使用情况的监测力度。继续组织中学生开展公共场所"啄木鸟"社会实践活动。

二、继续实施国家通用语言文字普及提高工程

（一）加强普及宣传。组织开展第二十三届全国推普宣传周活动，指导各区和行业系统大力宣传贯彻语言文字法律法规，开展形式多样的推普宣传活动，举办上海市推普周主题宣传教育活动。继续做好区域普通话普及情况调查。

（二）加强教育培训。继续指导市语言文字水平测试中心开展语言文字法律法规和规范标准、语言文字应用能力、经典诵读等内容的专题培训，不断提升语言文字工作队伍的业务能力。

（三）加强语言文字推广基地建设。指导国家和上海市级语言文字推广基地在语言文字人才培养、智力支持、活动支撑、合作交流等方面开展语言文化推广活动，充分发挥特色优势、示范引领作用。组织开展第二批语言文字推广基地建设。

（四）加强盲文手语的普及推广。通过上海大学建设中华经典诗词手语版资源库，组织编写中华经典读本手语版，在特殊人群中推广国家通用手语、传承弘扬中华优秀文化。

（五）加强对口支援。继续通过市语言文字水平测试中心开展对云南迪庆中小学教师语言能力提升培训。依托华东师范大学开展对云南迪庆民族幼儿教师、新疆喀什四县民族教师的国家通用语言教学能力培养项目。

三、实施中华经典诵读工程

（一）加强活动引领。……

（二）加强示范辐射。……

（三）加强基础保障。……

四、推进学生阅读推广行动

（一）推进"书香校园"建设。……

（二）打造有影响力的阅读品牌。……

五、强化语言文字水平测试

（一）加强测试管理工作。……

（二）继续做好普通话水平测试和汉字应用水平测试工作。

（三）开展实用汉语能力测试。……　　　　　　……

六、科学保护上海地方语言资源

（一）加强上海方言数据库成果的开发利用。……

（二）开展上海地方语言文化传承活动。……

七、开展语言文字科学研究

（一）研究上海语言文字事业发展态势。……

（二）服务国家战略。……（此为具体任务）

注：落款、日期已省略。

二、总结

（一）简况

总结是对过去所做的工作、发生的情况进行梳理、汇总，从而归纳出经验、做法，找出问题、不足，明确今后努力方向。

拟写总结要注意三点。一是力求有亮点、有新意。二是切忌报"流水账"。三是尽可能有典型事例。

（二）写法

总结包括：标题、正文、落款、日期。根据情况，落款、日期也可以省略。

标题通常为：事由+文种。如，《2010年上海世博会工作总结》。

正文通常写五个部分：

1.总说。包括背景、结论、过渡语。过渡语也可以省略。

2.取得的成绩。可以分成"一、……二、……三、……"展开，也可以通过几个不加序号的小标题，分别展开。

3.采取的措施，即做法（或者体会、特点）。可以分成"一、……二、……三、……"展开。

4.存在的不足。可以稍微点一下，不必过多展开。也可以省略。

5.下步打算。可以概括地叙述几句。

注：上述五个部分，重点是第二、第三部分。此外，第二、第三部分可以互换顺序，也可以合并；第四、第五部分可以合并，第五部分也可以省略。

例文（一）：

2017年上海市工作总结

2017年，在以习近平同志为核心的党中央坚强领导下，上海市全面贯彻落实党的十八大、十八届历次全会和十九大精神，认真学习贯彻习近平新时代中国特色社会主义思想，按照当好全国改革开放排头兵、创新发展先行者的要求，坚持稳中求进工作总基调，主动适应经济发展新常态，积极践行新发展理念，深化改革开放，推动创新发展，经济转型升级，加强民生保障，顺利完成各项工作目标和任务。（此为总说）

经济保持平稳增长。全年实现生产总值（GDP）首次突破30000亿元，达到30133.86亿元，比上年增长6.9%。其中，第三产业增加值20783.47亿元，增长7.5%，第三产业增加值占生产总值的比重为69%。金融业、信息服务业、生产性服务业等现代服务业增长明显快于传统服务业。节能环保、新一代信息技术、生物医药、高端装备、新能源、新能源汽车、新材料等战略性新兴产业制造业继续快速增长。年内共认定高新技术企业3247家，认定高新技术成果转化项目493项，C919大型客机、量子计算机等重大科技成果相继问世。全年实现商品销售总额11.31万亿元，比上年增长12%。地方一般公共预算收入6642.26亿元，比上年增长9.1%;非税收入占一般公共预算收入比重为11.7%。

对外开放不断扩大。全年上海市货物进出口总额32237.82亿元，比上年增长12.5%。到年底，在上海投资的国家和地区达到175个，落户的跨国地区总部达到625家。中国（上海）自由贸易试验区内新注册企业累计超过5万户，全年实到外资、外贸进出口额占全市比重均超过40%。上海港集装箱吞吐量4023.31万国际标准箱，连续8年位居世界第一。洋山深水港四期自动化码头正式开港。全年接待国际旅游入境者873.01万人次，比上年增长2.2%。上海港邮轮旅客吞吐量297.29万人次，比上年增长2.7%。

城市建设和社会事业发展再上新台阶。市级重大工程基本建成15项，完成投资超过计划3.3%，创2010年以来投资新高。黄浦江45公里岸线公共空间贯通开放。年内轨道交通17号线、9号线三期开通。至年末，全市轨道交通运营线路达到16条，轨道交通运营里程达到666公里。优化调整公交线路264条。全市九年义务教育入学率保持在99.9%以上，高中阶段新生入学率达99.7%。普通高等学校在校生和毕业生数均有所增加。成功举办第三十四届"上海之春"国际音乐节、第十九届中国上海国际艺术节、第二届上海艾萨克·斯特恩国际小提琴比赛、上海国际电影电视节（含第二十三届上海电视节、第二十届上海国际电影节）、第五届市民文化节等重大文化活动，上海世博会博物馆、大世界非遗中心正式开放。全市医疗卫生机构达到5144所。共有1496.78万人（包括离退休人员）参加职工基本医疗保险，344.63万人参加城乡居民基本医疗保险。户籍人口期望寿命达到83.37岁。年内成功举办国际国内重大体育比赛共41个项目162次，成功举办首届城市业余联赛。成功申办2021年第四十六届世界技能大赛，并在第四十四届世界技能大赛中取得优异成绩。

人民生活水平进一步提高。据抽样调查，全市居民人均可支配收入58988元，比上年增长8.6%，扣除价格因素，实际增长6.8%。最低生活保障标准从上年的每人每月880元提高到970元。新增供应各类保障性住房8万套，完成中心城区二级旧里以下房屋改造49万平方米、受益居民2.4万户。至年末，城镇居民人均住房建筑面积36.7平方米，居民住宅成套率达到97.3%。

生态环境继续好转。聚焦重点领域、重点行业、重点企业，深入推进节能减排，单位生产总体能耗下降4.5%左右，主要污染物排放量明显下降。完善生活垃圾全程分类体系，绿色账户新增覆盖210万户，全市累计覆盖400余万户。6个郊野公园（一期）建成运行，城市公园总数达到243座。至年末，人均公园绿地面积达到8.02平方米。（此为取得的成绩）

围绕贯彻落实党中央、国务院和中共上海市委的决策部署，市政府重点推进以下工作：

一、深入推进上海自贸试验区建设，深化重点领域和关键环节改革

上海自贸试验区新一轮建设全面开展。落实《进一步深化中国（上海）自由贸易试验区改革开放方案》，加快推进"三区一堡"（开放和创新融为一体的综合改革试验区、开放型经济体系的风险压力测试区、提升政府治理能力的先行区、服务国家"一带一路"建设和推动市场主体走出去的桥头堡）建设，研究制订上海自由贸易港区建设方案，着力打造上海自贸试验区升级版。一是进一步完善投资管理制度体系。实施2017年版外商投资负面清单，发布《浦东新区市场准入负面清单制度试点工作方案》，推动内外资一致的市场准入管理制度落地。开展工业产品许可证管理改革，从"一品一证"变为"一企一证"，节约了企业检验时间和费用。继续深化商事登记制度改革，开展企业名称登记改革试点，实行网上自主申报企业名称。二是进一步深化贸易便利化改革。国际贸易"单一窗口"3.0版上线运行，实现了口岸通关全流程和贸易监管主要环节的全覆盖。物流类货物状态分类监管实现常态化运作。基本实现出口退税无纸化管理，退税周期从20个工作日缩短到5～10个工作日。进口化妆品备案管理试点进展顺利，准入时限由原来至少2个月缩短为5个工作日。三是进一步加强与国际金融中心建设联动。发布国内首张金融服务业对外开放负面清单指引，提高金融服务业开放透明度。稳步拓展自由贸易账户体系功能和使用范围，累计开立7万个自由贸易账户，业务涉及110多个国家和地区、2.7万家境内外企业。推进上海自贸试验区金融综合监管服务平台（一期）建设，加强监管部门信息共享。四是进一步提升政府治理能力。加强上海自贸试验区建设与浦东新区转变地方政府职能的联动，制定实施企业市场准入"全网通办"、社区事务受理服务事项"全区通办"、政府政务信息"全域共享"三个工作方案。深化"证照分离"改革试点，实施116项改革试点事项。

　　重点领域改革持续深化。一是深化政府"放管服"改革。深入开展行政审批等事项清理工作，全年分三批取消和调整行政审批等事项119项；全面实施企业"五证合一"、个体工商户"两证整合"，10月1日起全面实施"多证合一"改革；实施企业简易注销登记改革；推进统一的公共资源交易平台建设，工程建设项目招标投标、政府采购、土地使用权和矿业权出让、国有产权交易系统接入平台。切实加强事中事后监管，事中事后综合监管平台上线运行，编制发布事中事后综合监管平台"四清单"（许可事项清单、处罚事项清单、监管事项清单、随机抽查事项清单）和"两目录"（联合惩戒事项目录、信息归集目录）；制定实施《上海市社会信用条例》，推进上海市信用平台二期项目建设，信用联合奖惩子系统上线运行。着力提升政府服务效能，大力推进当场办结、提前服务、当年落地"三个一批"改革，推进"互联网＋政务服务"体系建设，审批事项100%接入网上政务大厅，电子政务云正式运行。二是着力深化国资国企改革创新。以公众公司为主要途径，加快发展混合所有制经济，完成国泰君安H股上市、上海电气核心业务资产上市以及建科院混合所有制改革。以联合重组为抓手，完成光明食品集团与水产集团、上海纺织与东方国际集团等国有企业联合重组；推动国资国企"三个一批"（即创新发展一批、重组整合一批、清理退出一批）270个项目落地。以健全激励约束机制为重点完善公司治理，修订实施市管企业领导班子和领导人员任期综合考核评价办法，开展市管国有企业专职外部董事试点，推进8家市管企业开展职业经理人薪酬制度改革试点。三是加快推进财税改革。出台实施市与区财政事权和支出责任划分改革的指导意见，理顺市、区两级政府的财政事权和支出责任。开展中期财政规划研究编制工作，加强预算评审、项目储备和中期财政支出项目库建设。选择部分区和市级主管部门，试点编制政府资产报告。四是深化价格改革。稳妥推进能源资源领域价格改革，建立输配电价形成机制，加强成本监审；推进农业水价综合改革。推进医疗服务价格改革，全部取消公立医疗机构药品加价，完成近1400项次医疗服务价格调整。

　　开放型经济新体制加快完善。一是服务国家"一带一路"建设。制定上海服务国家"一带一路"建设发挥桥头堡作用行动方案，推进实施贸易投资便利化、金融开放合作、增强互联互通功能等6个专项行动，与沿线国家及重要节点城市加强经贸伙伴关系。二是推动高质量"引进来"和高水平"走出去"。制定出台本市加快构建开放型经济新体制"33条"意见，修订跨国公司地区总部政策，在人才、出入境、通关、外汇管理等方面为跨国公司地区总部发展营造良好环境，出台进一步支持外资研发中心参与具有全球影响力的科技创新中心建设的若干意见。完善外资促进服务体系，发布制造业利用外资三年行动计划和外商投资环境白皮书。加强"走出去"公共服务体系建设，为企业提供政策、法律、税务、融资等信息服务。支持国有企业集团参与国际经济合作，出台支持国有企业在香港做强做优做大更好发挥作用的实施意见。三是加快推动长江经济带和长三角城市群建设。编制《上海市推动长江经济带发展实施规划》，聚焦生态环保、对外开放、产业转型、综合交通、新型城镇化、区域合作等六方面重点任务，形成172项具体举措。加强长江经济带生态环境保护，高标准规划建设崇明世界级生态岛，继续加强大气、水污染治理和长三角区域联防联控。推进长江综合立体交通走廊建设，推进落实长江多式联运实施方案，推动构建长三角城市群协同创新网络，推动长三角区域市场一体化发展。

二、大力推进科创中心建设，不断增强发展新动能

……

三、持续深化供给侧结构性改革，促进实体经济发展

……

四、积极拓展内外需求，着力促投资、扩消费、稳外贸，加大金融支持实体经济力度

……

五、着力保障和改善民生，增强人民群众满意度和获得感

……

六、着力加强监管、守住底线，确保城市运行安全和社会稳定

……（此为采取的措施）

注：落款、日期已省略。

例文（二）：

2017年支部工作总结

2017年，在机关党委的领导下，在全体党员的努力下，支部按照要求和工作计划，积极开展工作，取得了一定的成绩。支部被机关党委评为"优秀支部"，有3名党员获得机关优秀党员光荣称号，支部工作经验被市级媒体宣传报道。（此为总说）

支部工作的成绩主要体现在以下几个方面：

一、深入学习、领会习近平新时代中国特色社会主义思想

······

二、坚持"三会一课"制度

······

三、充分发挥党员先锋模范作用

······

四、加强培养考察，及时将符合条件的积极分子吸收入党

······

五、关心党员的日常生活

······

六、严格遵守各项规章制度和纪律

······（此为取得的成绩）

一年来，支部工作有以下几个特点：

一是工作有计划、有布置。……

二是活动有主题、有新意。……

三是情况有总结、有反馈。……（此为采取的做法）

存在的不足是，……需要今后加以克服。（此为存在的不足，已写明）

新的一年里，支部将继续努力，重点围绕……等方面做好工作，争取更大的进步。（此为下步打算）

注：落款、日期已省略。

三、简报（信息）

（一）简况

简报（信息）主要反映上级决策部署的落实情况，重要举措实施的进展情况，工作或者任务的完成情况，会议、活动的举办情况和会议精神、领导批示的落实情况，日常工作中遇到的矛盾、问题和解决的办法或者建议，突发事件的发生和处置情况，社情民意和舆情，以及领导关心、群众关注的问题和事项，等等。

简报是信息的载体，信息是简报的内容，两者互为一体。

简报一般由报头、报中、报尾三部分组成。

报头，主要包括：简报名称、期数、编印单位、编印时间。必要时，标明密级。

报中，就是主体部分，包括：标题、正文、署名。其中，署名可以省略。

报尾，主要写明报送或者分送对象。

（二）写法

第一，标题。

从形式上看，有三行式、两行式、一行式。

三行式：第一行是引题（也称眉题、肩题），第二行是正题（也称主题、母题），第三行是副题（也称辅题、子题）。

两行式：第一行是引题，第二行是正题。或者，第一行是正题，第二行是副题。

一行式：就是正题。

从内容上看，针对正题而言，至少有七种形式。

一是总结式。如，《2019年本市经济社会稳步发展》。

二是形象式。如，《上海改革进入快车道》。

三是警醒式。如，《是综合治理自来水管爆裂症的时候了》。

四是谐音式。如，《一些超市存在"垢污"篮》（注："垢污"系"购物"的谐音）。

五是对仗式。如，《减企业负担　稳员工就业》。

六是引用式。如，《轻舟已过万重山》（"轻舟已过万重山"引用的是李白诗《早发白帝城》最后一句。此标题下还有个副题"上海有效抵御国际金融危机克难奋进"）。

七是设问式。如，《××公司仓库为何三年发生两次火灾？》。

第二，正文。

通常写三个部分：

1.总说。包括背景、目的、结论等。也可以是对整个情况做个简要概括。

2.具体情况。可以分成"一、……二、……三、……"展开。

3.其他。如，存在的不足、下步打算、相关建议等。这部分也可以省略。

注："具体情况"和"其他"可以并在一起叙述。简报（信息）如果篇幅较长，当中可以分成几块，每块上面分别加上小标题；如果篇幅不长，可以分成几个自然段，当中不做小标题。

例文（一）：

上海市虹口区房管局做好创建全国文明城区迎检工作

为落实虹口区委、区政府创建全国文明城区工作要求，全力推进住宅小区创建全国文明城区工作，虹口区房管局统一谋划，举全局之力，推进创建全国文明城区工作。（此为总说）

一、加强组织领导，构建完善工作体系

区房管局优化创建全国文明城区工作领导架构，完善创建全国文明城区工作组织体系，提高创建全国文明城区攻坚能力。一是成立局领导小组。成立区房管局创建全国文明城区专项工作领导小组，由局主要领导任组长、分管领导任常务副组长，其他处级干部分街道包干检查。二是组建专班检查组。抽调16名工作人员，组成创建全国文明城区实地检查及落实整改小组，每天全覆盖检查创建全国文明城区点位小区。三是建立工作例会制度。建立局、房办、物业企业三级工作组，自上而下，全员参与，全力推进创建全国文明城区工作。同时，区房管局每周召开各街道房办主任创建全国文明城区工作例会，及时掌握各小区创建全国文明城区现状，协调资源，开展工作。

二、召开创建全国文明城区大会，加大组织发动力度

5月8日，区房管局召开"虹口区住宅小区创建文明城区迎检动员会"，区创建办、区房管局、虹房集团、各街道房办主任、78个点位小区经理和局创建全国文明城区专项工作组全体成员参加会议。会议要求，一是统一思想，认清形势，善作善成，强化"创则必胜的信念"。二是紧盯标准，落实整改，切实有效开展住宅小区创建全国文明城区迎检工作。三是加强检查，夯实责任，落实整改，建立奖惩机制。同时，本次会议邀请区创建办实地考察组组长出席，就住宅小区有关创建全国文明城区检查标准、重点注意事项等进行讲解、培训，使组织发动深入点位小区。

三、注重奖惩结合，建立健全工作机制

总结前两年创建全国文明城区工作经验，结合当前创建全国文明城区形势，区房管局优化完善工作机制，以"反复查，反复改"为工作方针，以"多发现问题、快整改问题"为工作要求，进一步加强物业行业监管，强化物业企业担当。通过建立奖惩机

制，调动物业企业创建全国文明城区工作积极性，一方面，建立正面激励机制，对主动配合创建全国文明城区工作的物业企业，在区物业服务达标奖励、各类评优中予以考虑；另一方面，建立负面惩戒机制，对不配合、敷衍马虎的物业企业，将运用市、区两级信用信息管理办法，予以记录、记分处理。

四、贯彻迎检要求，开展检查整治

按照"静态标准不失分、动态标准少失分"的要求，结合当前创建全国文明城区迎检"时间紧、任务重"的总体形势，区房管局干部职工自我加压、提高标准，以"啄木鸟"精神开展检查，专班检查组每天对全区78个点位小区进行巡查，确保不留空白；以"钉钉子"精神落实整改，特别是对整改确有困难的点位小区，结合"拾遗补缺"工程，实施绿化补种、非机动车划线、黑色小广告清除、路面修复、外墙污损修复等工作，确保相关整治措施落实、落地。

五、注重软硬结合，分阶段抓好创建全国文明城区工作

根据近期检查情况，目前需做拾遗补缺的工程量已远超之前街道房办排摸上报的数据，区房管局将边排摸问题、边落实托底整改，尽最大努力尽可能消除小区静态问题。为此，区房管局适时制定托底"三步走"计划。

第一阶段，5月20日之前，在物业企业对静态标准进行自行整改的同时，区房管局组织托底队伍对黄土裸露进行补种、对非机动车停放进行划线、对楼道内墙污损进行刷新、对路面破损进行修补。第二阶段，5月20日—30日，开展清除黑色小广告作业，进一步提升小区环境卫生。第三阶段，6月1日起到检查结束，托底队伍及区房管局专项工作人员进小区，值守巡查，对动态问题进行即知即改。同时，为有效清除飞线充电情况，区房管将在点位小区增设助动车充电设施，引导居民安全充电。（此为具体情况）

注：这期简报出刊于2020年5月。

例文（二）：

伴随书香刻苦学习　一刻不停增强本领
第37期文秘工作培训取得良好效果

根据领导要求和计划安排，2015年4月13日至19日，市政府办公厅会同市委党校举办了第37期市政府系统文秘工作培训班，来自有关区县政府、市政府部门办公室共48名学员参加。（此为总说）

这期培训，以"伴随书香刻苦学习，一刻不停增强本领"为主题，认真贯彻市政府领导的要求，继续弘扬优良传统，坚持从优设计、从紧安排、从严管理，突出系统性、针对性、实用性，增强学员的获得感，取得了良好效果。整个培训，成为读书的过程、研讨的过程、实践的过程、提高的过程。大家专心听课、笔记，抓紧阅读、背诵，积极互动、交流，认真复习、考试，出现了许多感人事迹。市政府秘书长在有关汇报上批示："很好!持之以恒抓好培训工作。"

培训班上，组织学习了习近平总书记为第四批全国干部学习培训教材作的《序言》。习近平总书记的谆谆教诲，使大家受到很大教育。市政府办公厅、研究室、法制办领导，市委党校、复旦大学、上海交大教授和《咬文嚼字》杂志名誉主编，市政府办公厅、市政府外办、市质量技监局业务处室同志围绕经济形势、依法行政、礼仪规范、秘书实务等方面进行授课，学员们都反映受益匪浅。作为重点课程的公文写作、文稿修改、名篇赏析，老师讲授时，注重在方法技巧和实际运用上加以引导，激励着大家笃志前行、更好担当。考试中有道写作题——"人生唯有读书好"，学员们都能结合形势发展和工作实际，阐述读书对做好工作、成就人生的重要性，表示将不断学习和进取，当好参谋助手，发挥应有作用。（此为具体情况）

四、讲话稿

（一）简况

讲话稿是为领导在会议、活动以及其他场合总结或者部署工作、提出工作要求、发表看法或者意见、表达思想或者情感而准备的文稿。

拟写讲话稿要注意四点。一是"三看"，即看时间、看地点、看需求。二是"三讲"，即讲高度、讲层次、讲信息。三是"三有"，即有新意、有事例、有激情。四是"三个适当"，即适当旁征博引、适当运用排比句、适当使用一些口语。

（二）写法

讲话稿包括：标题、署名、日期、称呼、正文。

标题一般有两种：一种是正题+副题，另一种是正题。

正题+副题式：

继续奋发进取　不断创造新的业绩

×××在×××××××××会议上的讲话

（2018年×月×日）

正题式：

×××在×××××××××会议上的讲话

（2018年×月×日）

称呼如："各位领导、各位同志""同志们、朋友们"。

正文通常写三个部分：

1.开场白。包括背景、主旨、有关情况、过渡语。也可以省略背景、有关情况。

2.中间部分。可以分成"一、……二、……三、……"。

3.结束语。如，"我们要……"。或者，"让我们……"。

4.致谢语。如，"我就讲到这里，谢谢大家"。或者，"谢谢大家"。

注："结束语""致谢语"有时可以省略。

例文：

××市长在全国安全生产电视电话会议结束后在
××分会场的讲话

（2017年×月×日）

刚才，国务院召开全国安全生产电视电话会议，传达贯彻党的十八届六中全会、中央经济工作会议精神和习近平总书记、李克强总理等中央领导同志重要指示批示精神，全面总结2016年全国安全生产工作，深入分析面临的形势，安排部署2017年重点任务。……下面，我就全面贯彻落实全国安全生产电视电话会议精神，做好2017年本市安全生产工作讲三点意见。（此为开场白）

一、认清形势，坚决守住安全生产的底线

安全是改革发展的基础，没有安全，一切都无从谈起。习近平总书记多次强调，要牢固树立发展决不能以牺牲安全为代价的红线意识。李克强总理指出，安全生产是经济社会发展的重要基础和保障。2016年底，党中央、国务院出台了《关于推进安全生产领域改革发展的意见》。我们要坚决贯彻落实中央要求，结合本市实际，拿出具体的实施办法，提出任务举措和工作要求，确保落实到位、早出实效。

2016年，全市安全生产形势总体平稳、基本受控。完成年初确定的"三项目标任务"，即事故总量继续下降、死亡人数继续减少、杜绝发生重特大事故。……

同时，我们也要看到，安全形势依然严峻。主要表现在两个方面。一方面，重点行业领域事故依然多发。……另一方面，潜在的安全风险仍然较多。……

面对新形势、新要求，我们必须高度重视、狠抓落实。要做到"三个坚持"：一是坚持安全发展理念，切实增强红线意识，始终绷紧安全这根弦，绝不能有丝毫的侥幸和麻痹，绝不能有须臾的疏忽和懈怠。越是天天在做的事，越不能掉以轻心。二是坚持最严的标准、最严的要求、最严的措施，坚持打非治违、明察暗访、通报约谈、警示教育"四个不间断"。三是坚持动真碰硬，涉及安全的决不能手软，一旦发现问题，处置要及时果断，该管的要坚决管起来，该惩处的要坚决惩处。

二、突出重点，持之以恒做好安全生产工作

2017年，要继续围绕"两个确保"，做到"三个强化"。

"两个确保"，即确保不发生重特大安全事故，确保安全生产始终处于受控状态。这是我们的工作目标，也是安全工作的底线。

"三个强化"。一要强化责任落实。安全生产，关键在于责任到位。要坚持"党政同责、一岗双责、齐抓共管、失职追责"的原则。同时，要按照"横向到边、纵向到底"的基本要求，严格落实企业主体责任、政府部门监管责任、基层属地管理责任，采取切实有效措施，筑牢全市的安全生产防线。二要强化源头防范。只有从源头上、根子上强化预防措施，才能牢牢把握安全生产工作的主动权。要坚持谋划在前、预防在先，严把新、改、扩建项目安全"准入关"。把安全生产贯穿于城乡规划布局、设计、建设、管理和企业生产经营活动的全过程，重点防控要严之又严，各项措施要细之又细，该上硬设施的要加大建设力度，做到防患于未然。三要强化隐患排查整治。树立"隐患就是事故"的忧患意识，按照"守住边、稳住面、保住点"的总体要求，不放过任何隐患。突出建筑施工、轨道交通、危险化学品、地下设施、高层楼宇以及城市供水供电等重点领域，全面开展重点区域、重要场所、重大危险源以及人员密集场所的安全风险隐患梳理和安全风险评估，健全完善隐患排查、整治、报备、督办的长效机制。特别是对住宿、生产、储存"三合一"场所的整治，行业主管部门、各区领导要高度重视、不留隐患。

三、狠抓关键，创新安全监管体制机制

做好今年安全生产工作，关键是创新体制机制，要更多地运用市场化、法治化、信息化等手段，提高安全生产的服务和保障能力。

一是要充分发挥市场和社会各方的作用。维护城市安全，是各级政府的应尽职责，但不是政府大包大揽。要坚持"市场主导、企业自主、政府推动、社会参与"的原则，发挥社会第三方作用，创新安全监管体制机制、方式方法，实现政府和社会在安

全生产上各归其位、各担其责。

二是要运用好法治思维和法治方式。要贯彻落实好新的《安全生产法》，及时修订完善地方安全生产法规规章。要把更多专项整治中行之有效的方法、措施，及时上升为制度规范，构建与国际化大都市相适应的安全生产法制体系。这几年，烟花爆竹安全管控、交通安全大整治等行动都推动了地方安全生产立法。要探索建立行政执法与刑事司法相衔接的工作机制，严厉打击安全生产领域非法违法活动。加强基层安全生产执法力量，着力提高基层安监队伍的专业化水平。

三是要加快提升安全生产监管信息化水平。要根据市政府的统一部署，实施安全生产事故隐患排查等系统的网上迁移工作，提升安全生产信息共享水平。借助信用信息平台，如全面实施"双随机一公开"，构建跨部门、跨地域、跨层级的安全生产失信联合惩戒机制等，加强对市场主体"宽进"以后的过程监督和后续管理，提高事中事后安全监管水平。加快推进水、电、燃气等城市"生命线"的智能监测和可视化管理，健全食品安全信息追溯系统，全面提升公共安全突发事件监测、预警和应急处置能力，着力打造信息化、智能化的城市安全防范体系。（此为中间部分）

2017年，将召开党的十九大和市第十一次党代表大会。我们要更加紧密地团结在以习近平同志为核心的党中央周围，坚持新发展理念，按照市委、市政府的部署，更加细致扎实地做好安全生产各项工作，为推进创新驱动发展、经济转型升级创造良好环境，以优异成绩迎接党的十九大和市第十一次党代会胜利召开。（此为结束语）

注：称呼已省略。

五、调研报告（考察报告）

（一）简况

调研报告（考察报告）是通过对一个地方或者一个行业或者一个单位进行实地调研、考察后，形成的有情况、有观点、有对策建议的材料，供领导参阅研究和作出决策。

顾名思义，调研报告（考察报告）包括两个方面。一个方面是调研（考察），另一个方面是报告。调研（考察）是报告的基础和前提，报告是调研（考察）的结果和深化。

调研报告（考察报告）从内容上看，主要有介绍典型经验、反映工作情况、反映热点现象、反映矛盾问题、再现历史事实等几种类型。

调研（考察）时，要多走、多看、多听、多记、多问、多留（留下资料），做到全心深入，防止"走马观花""蜻蜓点水"；报告时，要多想、多议，做到全力投入，防止内容肤浅、了无新意。

要通过调研（考察），呼吸新鲜空气，倾听基层呼声，掌握一手资料，了解真实情况；要通过报告，归纳典型经验，找准问题症结，发表独到见解，提出有效措施。

（二）写法

调研报告包括：标题、正文、署名、日期。

标题一般有两种：一种是副题+正题，另一种是正题。

副题+正题式：

加强班子团结　　促进企业发展

××××集团公司不断发展壮大情况的调研报告

正题式：

××市××局建设学习型机关情况的调查报告

介绍典型经验的调研报告（考察报告），正文通常写四个部分：

1.总说。包括背景、时间、人员、地点、题目、结论。也可以省略背景、结论。

2.基本情况或者总体印象。主要介绍调研（考察）的地方或者行业或者单位的主要情况。

3.主要经验、做法。着重介绍有关地方或者行业或者单位的经验、做法或者考察者的感受。

4.具体建议或者几点启示。主要是对如何学习、借鉴有关地方或者行业或者单位的经验、做法，对如何解决处理有关矛盾问题提出举措或者对策。

注：第二、第三、第四部分都可以分别分成几点，展开叙述。

例文（介绍典型经验考察报告）：

关于日本、韩国、新加坡以及中国香港空港
出入境情况的考察报告

经国务院批准，从今年1月1日起，上海实施48小时过境免签证及简化空港口岸签证手续的政策。为了学习、借鉴国外的经验，做好本市有关工作，根据市政府领导指示，由市空港办牵头，市政府办公厅、市外经贸委、市旅游委、市公安局、上海出入境边检总站、东方航空公司、上海外航服务公司等部门和单位派员组成的上海市空港出入境考察团一行9人，于5月13日至26日赴日本、韩国、新加坡以及中国香港这四个国家和地区进行了考察。在市政府领导的关心下，在东方航空公司及其驻外办事处的协助下，在上海实业（集团）有限公司的支持下，经过全团同志的积极努力，考察团较好地完成了这次考察任务。

一、总体印象

代表团在日本重点考察了东京成田机场、大阪关西机场，在韩国重点考察了金浦机场、青州机场，在新加坡考察了樟宜机场，在中国香港考察了新机场，分别拜访了日本航空公司、韩国韩亚航空公司、新加坡航空公司、中国香港港龙航空公司，与当地的移民部门和机场当局进行了座谈，并实地参观了出入境流程。还通过东方航空公司驻当地办事处，了解了些情况。总的感

觉是，上述国家和地区在空港出入境管理方面，制度比较严格，手段比较先进，配合比较协调，操作比较规范，程序比较简化，工作人员的素质也比较高。

　　1. 东京成田机场、大阪关西机场、汉城金浦机场和新加坡樟宜机场、香港新机场出入境概况

　　这些机场国际航班多，出入境人员数量大。据统计，去年东京成田机场出入境人数为2000多万；大阪关西机场、汉城金浦机场出入境人数均为1400多万；新加坡樟宜机场出入境人数为2500多万；香港新机场出入境人数为3000多万。大量旅客通过这些机场转机、过境，或前往所在国（地区）办理公务、旅游、探亲等，使机场显得非常繁忙。

　　2. 四个国家（地区）实施免签证的时间

　　日本除与日本有免签协议的国家（如美国、英国、德国、法国、加拿大、澳大利亚等55国）外，对其他国家实行的是72小时过境免签证制度。这些国家的公民只要持有护照和有效证件、前往第三国签证、已确认日期的联程机票，就可在该国停留3天。日本不办理散客和团体旅游的空港口岸签证。

　　韩国实行的是对发达国家过境免签证3个月，对其他国家（包括中国）的公民只要有前往美国、日本、加拿大、澳大利亚、新西兰等国的签证，就可在韩国过境免签证15天的制度。

　　新加坡实行的是48小时过境免签证制度，但只适用于持有因公普通护照、公务护照、外交护照和前往国签证、OK联程机票者。

中国香港实行的是过境免签证7天的制度。除缅甸、巴拿马、俄罗斯联邦等40个国家以外，其他国家公民只要持有护照、前往第三国签证、OK联程机票，都可以在中国香港过境停留7天。

3. 四个国家（地区）办理免签证的程序

东京成田机场设有专柜，过境旅客到达后，先在专柜办理免签证手续，再到移民部门设在机场的分支机构办理入国手续。经审查通过后，由移民部门在旅客的护照上加盖许可停留的签章。新加坡樟宜机场、香港新机场的情形与此相仿。在韩国，旅客进入汉城金浦机场后，直接到边检部门办理过境手续。

4. 四个国家（地区）对办理免签证后的过境旅客的规定

在日本，办理了免签证手续的过境旅客同有签证的旅客不一样，其活动范围受限制，一般只能在东京、千叶地区活动，且从哪个机场入境，就必须从那个机场出境。日本只有转机的概念，没有过境的提法。它认为，旅客来日本免签证停留3天，其目的只能是转机前往第三国，因此希望办理3天免签证的旅客尽快离开日本，如果第二天有航班，就不需等到第三天再走。

在韩国，对办理了免签证手续的旅客的活动范围并无限制，且不要求旅客一定要从入境的机场出境。韩国共有4个国际机场，除了汉城金浦机场、青州机场以外，还有釜山机场、仁川机场，旅客可以从汉城金浦机场入境，从釜山机场出境。

新加坡、中国香港因为只有一个国际机场，因而旅客入、出境都在同一地方。

5. 四个国家（地区）办理过境免签证的手段

四个国家（地区）办理免签证手段都比较先进，全部运用计算机，过境旅客的基本资料都输入计算机内。同时，都有一套辨别真假护照的仪器和措施。特别是韩国，计算机实行全国联网，在任何一个国际机场的计算机上，可以查阅该国其他国际机场的出入境资料、数据。旅客填写的入境卡全部在计算机上扫描，并加上文字输入，确保有关资料准确完整。据韩国有关部门介绍，汉城金浦机场平均每天要审查43000多本护照，去年共查出假护照2160本。今年假护照呈成倍增加的趋势，1—4月份，已查出假护照1700多本。

6. 四个国家（地区）处理逾期滞留旅客的做法

除了不可抗力的原因以外，过境旅客必须在规定时间内出境，否则，根据不同情况予以处理。在处理方式上，四个国家（地区）基本相同，即重新办理手续，给予罚款。如日本规定，每逾期一天，罚款4000日元；超过两天的，移交东京陆管局依法处理。四个国家（地区）对查出的非法滞留者，一律予以遣返。仅韩国去年就遣返1100多人，预计今年该国遣返人数将达到2万。

7. 四个国家（地区）要求航空公司提供的入境旅客资料

四个国家（地区）均要求飞机入境后，由机组向机场提供一份"舱单"，上面一般记载两个内容：一是旅客姓名，二是旅客总数。至于旅客的比较详细情况，待旅客办理入境手续时，根据旅客的护照、入境卡、联程机票等再进行统计。

二、主要感受

这次赴四个国家（地区）考察空港出入境情况，确实开阔了眼界，拓展了思路，学到了不少东西，大家都感到不虚此行。主要有以下几方面感受：

1. 东京成田机场、大阪关西机场、汉城金浦机场、新加坡樟宜机场、香港新机场的竞争优势十分明显

这些机场规模大、占地面积多、辐射能力强、航班密度高。为适应需要，东京成田机场、汉城金浦机场、新加坡樟宜机场都有两个候机楼，候机楼之间有专用交通连接。

这些机场的内部设施比较完善。在设计时就体现了以人为本的思想，处处考虑到方便旅客。候机楼功能齐全，中转宽敞、舒适，贵宾厅典雅、气派。旅客休息、餐饮、购物的条件比较好，办理入境手续的窗口比较多，对过境旅客还设有专门通道。新加坡樟宜机场对过境的外国旅客代为保管大件行李，方便客人到市区活动。香港新机场为已办理出境手续、在候机楼候机的旅客提供手推车，方便旅客购物。这些机场管理也比较有序。机场内驻有许多单位，设有行业协会，若有重大问题，基本上都由机场当局对行业协会进行统一协调；各单位分工明确、各负其责，使机场保持正常运转。

这些机场外面的道路交通也非常发达。机场与市区之间，一般都有高速公路相连接。在东京、汉城、香港，从机场到市区还有地铁，可以尽快将旅客送到市区。香港新机场离市区40公里，

乘出租车一般只需要45分钟。

2. 四个国家（地区）对过境旅客具有很强的吸引力

这次所到之处，看到这些国家和地区经济比较发达，特别是几个大城市都很繁荣、繁华，城市布局合理，交通四通八达，商业网点、旅游景点、大型绿地、街心花园多，市容比较整洁，环境保护、文物保护很有成效。日本作为经济强国，韩国作为亚洲"四小龙"之一，新加坡作为"花园岛国"，中国香港作为"购物天堂"，确实名不虚传。在东京，可供游客参观、游览的地方很多，游客还可以免费登上东京都市政厅大厦最高层参观，鸟瞰东京市中心的全景。此外，日本的新干线、横卧在流经汉城市区的汉江上的数十座大桥、新加坡的圣淘沙公园、中国香港的中环，都给我们留下了深刻的印象。

据了解，为了树立"观光韩国"的形象，发展观光产业，韩国从今年5月1日起，已经简化10人以上国内外团体游客的出入境手续。凡10人以上的国内外团体游客的出入境，韩国法务部将在出入境前一天，通过旅行社或者航空公司收取游客名单，并提前进行出入境资格审查。团体游客在机场办理出入境边检时，不再需要填写以往的出入境申请卡，边检站只通过确认游客护照来完成全部的审查，每个游客将在不到20秒钟的时间内完成所有的出入境手续。团体游客在提取行李、报关等方面能够得到快速服务。这项措施的出台，将使前往韩国的团体游客大量增加。

3. 上海需要进一步努力做好有关工作

上海是我国特大型城市，工业门类齐全，科学技术发达，城市基础设施较强，商业比较繁华，市内交通明显改善，投资环境比较理想。去年浦东国际机场投入使用后，上海在国内率先实现了"一个城市、两个国际机场"的目标。今年1月1日起，上海实施48小时过境免签证及简化空港口岸签证手续后，标志着上海更加对外开放。在市委、市政府领导的高度重视和各有关部门的通力协作下，这项政策实施情况总体是好的，方便了国外、境外旅客出入境，有利于各航空公司增加客源、扩大业务，有利于吸引外国人到中国来办理商务、观光旅游和走亲访友，受到了外界的一致称赞。我们在国外和中国香港地区考察时，也利用各种机会和渠道，宣传上海的有关政策以及上海的投资环境，并发放了一些宣传资料，对外方提出的一些问题做了详细解答，还与外方和东方航空公司驻外办事处就有关工作做了探讨。

通过考察四个国家（地区）的空港过境免签证的情况，结合上海的实际，我们感到，确有必要借鉴有关国家和地区的经验，改进本市的薄弱环节，从而进一步做好有关工作，吸引更多的海外游客来沪。

首先，要继续加大宣传的力度。据边检部门统计，今年1—4月份，来上海享受过境48小时免签证的旅客只有400多人，其中还有100多人未按规定从上海空港出境。这次我们在日本、韩国、新加坡，就发现一些外国机构并不知道上海已经实施48小时过境免签证及简化空港口岸签证手续的政策。上海国际旅行社驻日本东京代表称，不知道上海已经可以办理口岸团体旅游签证。这些，说明宣传还不够。为此，可以继续通过我国驻外使、领馆和其他驻外机构，介绍上海的做法和规定；通过外国航空公司驻沪办事处和其他外国在沪机构，继续宣传上海的有关做法和规定；利用上海举办国际性会议、大型活动的机会，进行宣传、介绍；在机场和主要饭店、宾馆及旅游景点，发放有关资料；请上海各国际旅行社积极组织宣传，并请国内各大航空公司、国际机场协助开展宣传。特别是要注意宣传上海实行48小时过境免签证的具体操作办法。目前，网上的介绍比较原则、笼统，可以再具体些、详细些，如24小时过境免签证与48小时过境免签证的区别，48小时过境免签证手续如何办理等。通过宣传，使更多的海外游客知晓上海的这项政策。

其次，要想方设法缩减旅客在机场办手续的时间。现在，已有一些国外旅行社打算与上海的国际旅行社合作，利用上海的现行政策，组织旅游者来上海及周边地区旅游，但又担心在上海的机场办手续时间过长。建议旅游部门与公安、边检部门加强配合，不断优化操作流程，做到既按规定办理手续，又方便旅客的进出。与此同时，虹桥、浦东两个国际机场要搞好优质服务，实现旅客的高效中转。目前，两个国际机场的贵宾（VIP）服务通道还不畅通。此类问题，要切实加以改进。

第三，要改善两个国际机场之间的交通状况和浦东国际机场到市区的交通条件。由于虹桥、浦东国际机场相隔较远，旅客往返时间较长；从浦东国际机场到市中心路途也较远，尤其是乘出租车的费用较高，旅客有意见。大量航班移师浦东国际机场后，这类矛盾更加突出。如不及时解决，将会造成旅客的减少。如何缩短转机旅客的在途时间，减轻旅客乘车负担，值得认真研究，提出办法。

第四，要抓紧落实"上海外国人过境免签证和团体旅游签证信息计算机管理系统"建设资金。建设该系统，对形成国内各航空公司、国际机场与公安边检部门、外管部门之间信息联网，接收外国航空公司传输的旅客个人资料，防止不准入境人员入境，都有很大作用。所需建设资金，需请有关部门加以协调落实，以利该系统的建设早日启动。

第五，要逐步增加旅游景点和线路。外国游客在上海过境停留后，往往希望多游览一些地方。因此，除了交通便捷条件外，本市的旅游景点也要增加，凡是能够开放的设施、场所要尽可能开放，以丰富外国人的文化娱乐生活。各大旅行社还要根据外国人的需求，调整、开辟一些市外的旅游线路，扩大旅游范围。

三、几点建议

1. 尽快将上海实施48小时过境免签证、简化空港口岸签证手续的政策向国际航空协会通报。国际航空协会设在加拿大蒙特利尔，是一个比较权威的机构，该协会每半月编印一次《旅行信息手册》，上面刊登国际航空运输方面的最新信息。如果该协会将上海的有关政策编入手册中，在国际上的影响会不断扩大。此事拟由市空港办具体落实。

2. 建立上海市空港出入境管理联席会议制度。该联席会议由市政府分管领导召集，市空港办、市政府外办、市外经贸委、市旅游委、市公安局、上海出入境边检总站、东方航空公司、上海外航服务公司等部门和单位的同志参加，及时总结工作经验，交流情况，研究解决存在问题，增强工作合力。对涉及驻机场各单位的有关事项，可以明确由市空港办统一协调，防止政出多门。

3. 适当压缩要求外国航空公司提供的入境旅客资料内容。为了加强管理，上海出入境边检总站根据公安部的规定，要求外国航空公司在飞机抵达上海之前，提供旅客的基本情况，包括姓名、性别、国籍、最终目的地等"五要素"。但许多外国航空公司反映，"五要素"无法完整提供。按国际通行做法，每个航班机组只提供有旅客姓名和旅客总数的"舱单"。为此，建议有关部门从实际出发，按国际通行做法办理。

4. 适当调整上海空港口岸办签证的收费标准。上海简化旅游团体空港口岸签证手续的本意是免除外国旅游者去我驻外使、领馆办签证的手续，方便旅游者。但由于在收费上上海并没有优势，对许多外国旅行社来说，吸引力并不大。经向我驻日本、韩国的有关机构了解，我驻日使、领馆每办一个来华签证要收3000

日元，时间5天。但送中国香港办证每人仅收1000日元，时间为2天，且不要提交护照。韩国每年乘飞机来华的客人有80余万人，但我驻韩使、领馆每年仅办签证15万人，其他大部分客人的签证是送中国香港办理，每人收费约人民币50元。而所谓在中国香港办签证，据了解，实际上是广东省公安部门设在深圳的点，接受来自香港旅行社的签证办理。目前在上海口岸办理旅游团体签证，一般每人收费在人民币200元左右。与在中国香港办签证相比，显然收费偏高，对上海很不利。为此，建议有关部门研究调整在上海空港口岸办签证的收费标准，尽可能使其与中国香港的标准差不多，以吸引客源。

5. 逐步增加对查验旅客出入境证件等设施建设的投入。识别真假护照，统计旅客资料，实行与国内其他国际机场的联网，硬件设施是重要的一环。为此，需要投入一定资金，有计划、有步骤地引进国外先进的仪器设备。这方面，需请有关部门给予大力支持。

6. 适时总结、完善上海实施48小时过境免签证方面的政策。建议在今年底、明年初，由有关部门牵头，认真总结上海一年来实施48小时过境免签证及简化空港口岸签证手续政策的情况。目前很多方面反映，认为享受在上海48小时过境免签证的国家仅限于17个，范围小，可逐步扩大；上海免签证过境只有48小时，时间太短，最好能增加到72小时；在上海空港，应设立过境免签证旅客专用通道等。针对这些问题，建议研究具体办法，并以市政府名义向国务院请示，争取有新的突破，以进一步完善有关政策，扩大上海在国际上的影响，增加上海对外国旅客的吸引。

上海市空港出入境考察团

二○○○年六月十九日

（注：自2005年起，汉城改名为首尔）

反映工作情况的调研报告，正文通常写四个部分：

1.总说。包括背景、时间、人员、地点、题目。

2.取得的成绩。

3.存在的问题。

4.下步建议或者对策。

注：可以将第二、第三、第四部分分成几块，每块上面居中写上小标题。

例文（反映工作情况调研报告）：

关于支持民营企业发展政策落实情况的调研

近一年来，面对国内经济下行压力，我国部分民营企业发展出现困难。为此，各级政府出台了一系列利好民营经济的政策。在实际运行中，这些政策是否落地落实？企业实际获得感如何？面临哪些新情况？针对这些问题，人民日报社内参部调研组走访北京、上海、江苏、浙江、福建、湖北6省市83家民营企业进行了调研。（此为总说）

营商环境在改善，企业获得感增强

调研显示，国家的系列减税举措、降低社保费率、改善营商环境带给企业很大实惠，部分地方政府出台实招破解融资难题，也让企业看到了希望。浙江万正电子科技有限公司总经理王德瑜表示，"这种变化让我们企业能够更加集中精力，真正做好企业自身产品"。

减税降费措施"给力"，助企业"轻装上阵"。政府收入做"减法"，换来企业效益的"加法"和市场活力的"乘法"。金拱门（中国）有限公司首席财务官黄鸿飞表示，新一轮减税政策力度空前，每月仅进货所需的资金就能为企业节约近千万元。"这将加速企业流动资金的运转，帮助企业快速发展。"深化增值税改革为企业送上"大礼包"。泉州匹克体育负责人称，税率由16%降至13%，大部分供应商的采购价格由此降低，企业实实在在享受到降税福利，"预计这次减税至少可以给企业带来3000万左右的利润"。社保费率企业上缴比率下调也为企业节约大量成本。温州康奈集团有限公司副总裁吴圣能表示，随着降低企业社会保险缴费政策的逐步落实，康奈集团预计两年能减少约400

万元人力成本。

"放管服"持续推进，让企业"脚底生风"。多地政府持续推进"放管服"改革，积极探索为企业做好服务工作。例如，为从根本上破解企业"准入不准营"难题，上海首创性地推出"一业一证"改革，将一个行业准入涉及的多个许可证，整合为一张行业综合许可证。企业只需要一张行业综合许可证，就可以开业。平均每个行业实现审批事项压减76%，审批时限压减88%，申请材料压减67%，填表要素压减60%。在北京，新建社会投资简易低风险工程项目审批流程大为优化。建设单位只需要跑5个办事环节，整个流程最多仅需20天。

政府聚焦融资难题，促企业"焕发生机"。多名企业家表示，融资依旧是企业发展的"老大难"，但政府出台的一系列措施已经让企业看到希望。厦门恒星集团介绍，厦门市级财政拿出了10亿元作为小微企业应急还贷基金，一定程度上帮助民营企业缓解了融资难题。江苏省创新推出"小微创业贷"，在利好银行的同时，也使小微企业迎来"及时雨"。苏州原创独行学堂文化旅游发展股份有限公司总经理袁润说，今年1月，凭借信用企业的"标签"，他们以4.35%的基准利率获得"小微创业贷"200万元，流动资金得到及时补充。（此为取得的成绩）

千条万条，不落地就是"白条"

整体环境的改善并不足以让企业彻底甩掉发展负担。一些企业反映，融资、外贸等领域部分利好政策落地遇阻，少数地方政府失信、乱收费、乱作为等个别情况仍然存在。

　　"期盼好政策赶快落地。"美国加征关税对外贸企业的销售额、利润、用工产生负面冲击。对美贸易依存度较高的企业，对简化手续、缩短退税、征税返还等政策落地的期待十分迫切。部分外贸企业反映，"国家层面一直强调加大对外贸企业的信贷支持力度，稳定出口退税政策……但已有银行开始停贷，甚至有计划抽贷。企业本就面临较大困境，这种情况下抽贷，将直接影响企业的生死存亡"。

　　"下雨收伞"，破解融资难题仍待发力。多家企业反映，今年以来多地政府成立引导或担保基金，鼓励专利权和合同质押贷款，但落地情况并不理想。"一些信用贷款，到头来还是要看看土地厂房，外加担保。"此外，还有三方面问题企业反映较为集中，值得关注。一是部分企业过桥续贷遭金融"掮客"高利盘剥。多家民营企业谈到，随着金融形势的恶化，如何续贷成为一大难题。受此影响，曾一度遭遇严打的金融"掮客"死灰复燃。中部某设计装修公司负责人介绍说，该公司一笔贷款面临续贷，银行工作人员推荐了一家小贷公司办理过桥。"一问才知道，年化利率竟高达48%。由于融资渠道被堵死，我们敢怒而不敢言，只能通过高利贷借新还旧。"二是部分银行试图将坏账风险转嫁给贷款企业。有民营企业透露，融资难和融资贵还表现在一些附加条件和隐性成本之上。例如，想要获得融资，企业就要替银行承担一定的不良资产化解任务，"向银行申请1亿元贷款，须购买银行500万元不良贷款，损失也全部由企业负担"。三是银行贷款给正常企业，并要求该企业将部分已贷得的资金通过重组、借贷等方式转移至已出现还款风险的银行客户，实现不良资产的延后暴露或化解。

"肠梗阻"花样多，营商环境仍有改进空间。在调研过程中，"注销难"成为企业反映的突出问题。华北某商贸公司负责人郭女士想注销一家公司，耗时两年仍未成功。"第一次以'照片不清晰'为由退件，第二次因'签字没用碳墨笔'退件，第三次又说股东签字与10年前注册时存在差异，整个过程，我们好似盲人摸象。"

少数地方政府失信、乱收费现象并未彻底杜绝。有企业表示，招商是一套，执行又是一套，"高新区组织架构和人事调整了，原先承诺提供给公司的租房补助也就不作数了，我们先后询问了12次，至今没搞清楚"。多家外贸企业也表示，近5年来，以内陆包干费为主的"乱收费"现象在个别港区愈演愈烈。每到节假日更甚，只有支付"额外的费用"才能顺利完成提货。与其他地区同行业的企业相比，竞争力自然就降低了。（此为存在的问题）

以更大决心和更实举措打通堵点、激活经济

受访企业表示，目前国家发展民营经济的"药方"正确合理，效果很大程度上取决于力度和执行程度。希望各级政府以更大的决心、更实的举措帮助一些民营企业渡过暂时的难关，具体

有如下建议：

对现存问题解决情况开展一次"政策回头看"。建立网上公示制度，哪些能解决，哪些不能解决，解决的责任主体和完成时限，都清清楚楚地告知企业。把企业的口碑作为考核政策落实、营商环境优化的重要指标，关键看企业投资积极性是不是更高了，企业的创新活力是不是增强了，企业的满意度是不是提升了。因政策调整对企业可能带来的关停并转等事项，要按照法治原则和市场经济公平交易原则妥善处理。

将营商环境改善列为"一把手工程"。营商环境涉及企业设立、运营、发展、退出等方方面面，涉及基础设施建设、政府的政务审批、工信部门的产业政策、金融部门的资金支持、政府执法等各个领域。如果没有统一的顶层协调机制，单靠一个部门的力量，很容易出现推而不动的问题，部分职能部门出现不作为现象。

分类分行业施策，建立企业信息"直通车"。对于不同类型的企业在营商环境上，给予不同的政策支持，提升政策措施的精准度、一致性。比如，初创企业更关心的是给予补贴，中等以上成长型企业关心的是税收和政策扶持上的优惠，大型企业可能更关心政策方面的内容。同时，应设立企业对痛点堵点解决措施的评价反馈机制，从而有效了解所采取措施的效果。

进一步畅通中小微企业"供血"渠道。金融机构的尽职免责机制要落实，出台操作细则，免除一线信贷员压力。对困难企业要考虑区别对待，特别是对暂时存在困难的新技术、新产业、新业态、新模式的"四新"企业，实施个性化帮扶，帮其度过危险期。

政策的制定和实施要避免虎头蛇尾，防止重出台、轻落实。很多政策的制定和出台都很及时、全面、有针对性，但有的仅是"墙上文件"，没有落实到位。名义上，企业享有了政策的福利，但实际上却得不到真正的实惠。建议做好政策文件公开和解读工作，顺畅企业获取渠道，完善政策咨询和解答机制，帮助企业了解政策的适用性和具体流程。（此为下步建议）

人民日报社内参部青年理论学习小组

2019年×月×日

六、规定、办法

（一）简况

规定、办法，主要是围绕落实某项决策、做好某项工作、完成某项任务、办好某项会议活动、约束某种行为等而制定，带有制度性安排的规范。作为非公文，它与行政法规、地方性法规、规章所用的规定、办法不在同一层面，一般通过通知来印发，或者转发。显然，其法定效力低于行政法规、地方性法规、规章所用的"规定""办法"。

当然，不管是行政法规、地方性法规和规章所用的"规定""办法"，还是非公文所用的"规定""办法"，其标题、结构、写作顺序基本相同。

从标题上看，规定、办法的标题一般也是由管辖范围+事由+文种组成。

从形式上看，规定、办法通常分为两种。一种是章条式，即先是章，后是条，再是款，一般情况下，一个段落为一款；最后是目，用"（一）（二）（三）……"来表示。另一种是条款式，先是条，后是款，再是目。在条款式中，有的是用"第一条、第二条、第三条、……"来排列，也有的是用"一、二、三、……"来排列。

从结构上看，规定、办法通常分为三部分，即总则、分则、附则。

从写作顺序上看，规定、办法通常是"五前五后"：总纲在前，细目在后；原则在前，具体在后；大的在前，小的在后；普遍适用的在前，少数例外的在后；权利、义务在前，法纪、责任在后。

此外，规定、办法可以使用"但书"。

"但书"是指法律条文中"但"字以下的部分，它指出本条文的例外，或者对本条文作出补充、限制。如，上海市公安局印发的《上海市常住户口管理规定》（2018年5月1日起实施）明确："随女军人报出生的婴儿，户口不得在本市迁移。但婴儿的父亲或者母亲成为本市常住户口居民的除外。""父亲或者母亲原为本市常住户口居民，因定居国（境）外被注销本市常住户口，其在境内生育、具有中国国籍、在本市实际居住的未满五周岁的子女，可以向本市的祖父母或者外祖父母常住户口所在地公安派出所申报出生登记。但父母一方现为外省市户口的，应当随外省市户口方申报出生登记。"前句中的"但书"，是指本条文的例外；后句中的"但书"，是指对本条文作出的补充。

（二）写法

规定、办法包括：标题、正文。

标题一般也是由管辖范围+事由+文种组成。如，《××市建设工程文明施工管理规定》《××市最低生活保障审核确认办法》。管辖范围也可以省略。如，《博士、硕士学位授权学科和专业学位授权类别动态调整办法》。

如果是章条式，正文三个部分为：

1.第一章，总则。包括制定目的、依据、实施范围等。其标题即"第一章　总则"。

2.第二章至倒数第二章，分则。包括具体的权利、义务、责任等。每一章都写明具体标题。

3.最后一章，附则。包括解释单位、有关说明、实施时间等。其标题即"第×章　附则"。

如《上海市社区养老服务管理办法》，共六章三十一条。"第一章　总则""第二章　社区养老服务设施""第三章　社区养老服务机构""第四章　服务规范""第五章　监督管理""第六章　附则"。

章条式中，也有的在每条后面用括号加上条标。如，第一条（目的依据），第二条（基本涵义），第三条（适用范围）。

如果是条款式，正文三个部分为：

1.总说。包括制定目的、依据等。写在开头，这实际上就是总则的部分。

2.具体内容。包括具体的权利、义务、责任等。分成几条或几点。写在中间，这实际上就是分则的部分。

3.其他。包括解释单位、有关说明、实施时间等。分成几条或几点。写在最后，这实际上就是附则的部分。

例文（条款式）：

上海市车船税实施规定

根据《中华人民共和国车船税法》和《中华人民共和国车船税法实施条例》，结合本市实际，制定本实施规定。（此为总说）

一、凡在本市范围内属于《中华人民共和国车船税法》所附《车船税税目税额表》规定的车辆、船舶（以下简称"车船"），其所有人或管理人为车船税纳税人都应当按照规定缴纳车船税。

二、本市车船的适用税额，依照本实施规定所附的《车船税税额表》执行。

三、本市对经车船营运主管部门批准用于本市范围内公共交通线路营运的车船，以及农村居民拥有并主要在农村地区使用的摩托车、三轮汽车和低速载货汽车，暂免征收车船税。

主管税务机关负责对符合前款规定条件的车船办理免税手续。

四、办理税务登记的纳税人，其车船税由主管税务机关负责征收管理。其他纳税人，由车船登记地或纳税人所在地税务机关负责征收管理。扣缴义务人代收代缴车船税的，由其主管税务机关负责征收管理。

五、车船税按年申报，分月计算，一次性缴纳。纳税人应当在年度终了前，缴清当年度应纳的车船税。但有下列情形的，分别按照以下申报纳税期限缴纳：

（一）机动车辆在投保"交强险"时尚未缴纳当年度车船税的，在投保的同时，向保险机构缴纳。

（二）新购置的船舶，在取得船舶登记证书的当月缴纳。其他应税船舶，在办理船舶年度检验之前缴纳。

（三）转籍、转让、报废车船尚未缴纳当年度车船税的，在办理相关手续之前缴纳。（此为具体内容）

本市车船登记管理部门、船舶检验机构和车船税扣缴义务人的行业主管部门应当与税务部门建立车船信息共享机制，协助做好车船税的征收管理工作。

本实施规定自2019年1月1日起执行。《上海市人民政府印发关于本市贯彻〈中华人民共和国车船税法〉若干意见的通知》（沪府发〔2011〕95号）同时废止。（此为其他）

附件：上海市车船税税额表（调整后）

注：附件已省略。

例文（章条式）：

上海市企业投资项目备案管理办法

第一章　总则

第一条　为规范政府对企业投资项目的备案行为，根据《企业投资项目核准和备案管理条例》《企业投资项目核准和备案管理办法》等，结合本市实际，制定本办法。

第二条　本办法所称企业投资项目（以下简称"项目"），是指企业在上海投资建设的固定资产投资项目，包括企业使用自筹资金的项目，以及使用自筹资金并申请使用政府投资补助或贷款贴息等的项目。

未列入《上海市政府核准的投资项目目录细则》的项目，按照《上海市政府备案的投资项目目录》（以下简称《备案目录》）要求以及属地原则进行备案。

外商投资项目管理按照国家有关规定执行。

法律、法规另有规定的，从其规定。

第三条　本市企业投资项目备案机关（以下简称"项目备案

机关"）是指市发展改革委、市经济信息化委、区级投资主管部门和市政府确定的机构。

根据《备案目录》，明确项目备案机关分工。

市政府确定的机构，是指根据地方性法规、规章规定，对所属区域内项目实施备案的机构。

第四条　项目的市场前景、经济效益、资金来源和产品技术方案等，应当依法由企业自主决策、自担风险，项目备案机关及其他行政机关不得非法干预企业的投资自主权。

第五条　项目备案机关应当遵循"便民、高效"的原则，提高办事效率，提供优质服务。

第六条　各区政府、市政府有关部门应当依照相关法律法规规定，对企业从事固定资产投资活动实施监督管理。

任何单位和个人都有权对项目备案、建设实施过程中的违法违规行为向有关部门检举，有关部门应当及时核实、处理。

第七条　除涉及国家秘密的项目外，项目备案通过上海市投资项目在线审批监管平台（以下简称"在线平台"）实行网上办理、监管和服务，实现备案结果的可查询、可监督。

第八条　项目备案机关应当根据《政府信息公开条例》有关规定，将备案结果予以公开。

第九条　企业投资建设固定资产投资项目，应当遵守国家法律法规，符合国民经济和社会发展总体规划、专项规划、区域规划、产业政策、市场准入标准、资源开发、能耗与环境管理等要求，依法履行项目备案及其他相关手续，并办理城乡规划、土地（海域）使用、环境保护、能源资源利用、安全生产等相关手续，如实提供相关材料，报告相关信息。

第二章　项目备案基本程序

第十条　实行备案管理的项目，项目单位应当按照《上海市政府备案的投资项目目录》，登录"一网通办"平台，通过在线平台向项目备案机关备案。

第十一条　在线平台为申报备案项目生成该项目整个建设周期身份标识的唯一项目代码，项目备案机关以及相关部门统一使用项目代码办理相关手续。

涉及国家秘密的项目，项目单位应当填写《上海市企业投资项目备案证明》，报送项目备案机关备案。

第十二条　项目单位依法履行投资项目信息告知义务，遵循"诚信和规范"的原则，通过在线平台向项目备案机关备案，填报项目备案基本信息，具体包括以下内容：

（一）项目单位基本情况；

（二）项目名称、建设地点、建设规模、建设内容；

（三）项目总投资额；

（四）项目符合产业政策声明。

项目单位应当对备案项目信息的真实性、合法性和完整性负责。

第十三条　项目备案机关收到第十二条规定的全部项目备案

基本信息即为备案。项目备案信息不完整的，备案机关应当及时以适当方式提醒和指导项目单位补正。

项目备案机关发现项目属产业政策禁止投资建设或者依法应实行核准管理，以及不属于固定资产投资项目、依法应实施审批管理、不属于本备案机关权限等情形的，应当通过在线平台及时告知企业予以纠正或者依法申请办理相关手续。项目单位不予纠正的，项目备案机关应当及时撤销项目代码，并通知项目单位。

第十四条　项目备案后，项目规模、内容发生重大变更，或者放弃项目建设的，项目单位应当通过在线平台及时告知项目备案机关，并修改相关信息。

项目法人、项目建设地点发生变化，项目单位应当通过在线平台重新填报项目备案基本信息，并撤销原备案项目代码。

第十五条　项目备案相关信息在相关部门之间通过在线平台实现互通共享。

项目单位填报的项目备案信息，在线平台生成《上海市企业投资项目备案证明》。

项目单位填报的项目备案变更信息，在线平台生成《上海市企业投资项目备案变更证明》。

项目单位可以通过在线平台自行打印备案证明或者备案变更证明，也可以要求备案机关出具备案证明或者备案变更证明。

第十六条　项目自备案后2年内未开工建设或者未办理任何

其他手续的，项目单位如果决定继续实施该项目，应当通过在线平台作出说明；如果不再继续实施，应当撤回已备案信息并撤销项目代码。未作出说明且未撤回备案信息的项目，备案机关应当予以提醒。经提醒后仍未作出相应处理的，备案机关应当移除已向社会公示的备案信息，项目单位获取的备案证明文件及项目代码自动失效。对其中属于故意报备不真实项目、影响投资信息准确性的，备案机关可以将项目列入异常名录，并向社会公开。

第十七条　实行备案管理的项目，项目单位在开工建设前，还应当根据相关法律法规规定办理其他相关手续。

第十八条　项目单位对项目备案机关撤销项目代码有异议的，项目单位可以向上级项目备案机关申请复核，上级项目备案机关应当及时复核并将结果告知项目单位。

第三章　监督管理

第十九条　……

第二十条　……

第二十一条　……

第二十二条　……

第二十三条　……

第二十四条　……

第四章　法律责任

第二十五条　项目备案机关有下列情形之一的，由其上级行政机关责令改正，并由有关部门和单位对负有责任的领导人员和直接责任人员依法依纪给予处分：

（一）以备案名义变相审批、核准的；

（二）不依法履行监管职责或者监督不力，造成严重后果的。

第二十六条　……

第二十七条　……

第二十八条　……

第二十九条　……

第三十条　……

第五章　附则

第三十一条　事业单位、社会团体等非企业组织在中国境内利用自有资金、不申请政府投资建设的固定资产投资项目，按照企业投资项目进行管理。

第三十二条　本办法自2019年4月1日起施行，有效期至2023年12月31日。

附件：1.上海市企业投资项目备案证明

　　　　2.上海市企业投资项目备案变更证明（第×次变更）

注：附件已省略。

七、方案

（一）简况

方案一般也是围绕落实某项决策、做好某项工作、完成某项任务、办好某项会议活动等而制定的安排。

（二）写法

方案包括：标题、正文。

标题一般由管辖范围+事由+文种组成，也可以由事由+文种组成。如，《上海市基本公共服务领域市与区财政事权和支出责任划分改革方案》《举办第三届经贸论坛的方案》。

正文通常写两个部分：

1.总说。包括制定目的、依据等。

2.具体内容。如：一、指导思想。二、总体目标。三、基本原则。四、主要任务或者主要举措。五、保障措施。在"基本原则""主要任务或者主要举措""保障措施"下，都可以分成"（一）……（二）……（三）……"展开。"基本原则""保障措施"也可以省略。

又如：一、总体要求。二、主要任务。三、保障措施。其中，在"总体要求"下，又可以分成：（一）指导思想。（二）总体目标。（三）基本原则。在"主要任务""保障措施"下，可以分成"（一）……（二）……（三）……"。"保障措施"也可以省略。

例文：

<h1 style="text-align:center">上海市推进运输结构调整实施方案</h1>
（2018—2020年）

为深入贯彻《国务院办公厅关于印发推进运输结构调整三年行动计划（2018—2020年）的通知》（国办发〔2018〕91号），加快推进本市交通运输结构调整，努力打造生态友好、清洁低碳、集约高效的绿色交通运输体系，结合实际，制定本实施方案。（此为总说）

一、总体要求

（一）指导思想

以习近平新时代中国特色社会主义思想为指导，牢固树立新发展理念，坚持"生态优先、绿色发展，宜水则水、宜陆则陆"的原则，深化交通运输供给侧结构性改革，聚焦公转铁、水水中转、海铁联运、城市配送，着力加快运输结构调整，打造绿色交通运输体系，坚决打赢污染防治攻坚战，促进本市综合交通运输体系持续健康发展，为推动长三角高质量一体化发展打好基础。

（二）工作目标

到2020年，运输结构调整取得突破性进展，上海港口铁路集疏运量有明显增加。与2017年相比，2020年上海铁路货运量增加30万吨、增长6%；商品车铁路发送量达50万台，较2017年增加

21.5万台。上海国际航运中心洋山深水港区水水中转业务比例力争达到50%，集装箱铁水联运量年均增长20%以上，洋山集装箱江海直达比例力争达到20%。

二、主要任务

（一）提升铁路运输能力

1. 加快铁路基础设施建设。统筹考虑铁路规划和港口的有效衔接及功能匹配。到2020年底，沪通铁路南通至安亭段基本建成，加快建设太仓至四团段。结合太仓至四团段工程，加快推进外高桥港区铁路装卸场站及配套设施建设。（责任单位：市交通委、市发展改革委、市规划资源局、中国铁路上海局集团、上港集团、申铁公司、相关区政府）

2. 深化铁路运输挖潜提效。……

3. 提升铁路货运服务水平。……

（二）完善水路运输系统

1. 完善内河水运网络。提升长江口航道通航能力，深化长江口北槽深水航道通航研究，继续完善大型船舶超宽交会措施。2019年，完成长江口南槽航道治理一期工程工可编制和初步设计，启动工程建设；2020年，基本完成建设。有序推进长三角高等级航道整治工作。持续推进大芦线航道二期、赵家沟东段航道、平申线航道（上海段）、长湖申线航道（上海段）等多项整治工程，推进大治河西枢纽新建二线船闸工程。（责任单位：市交通委、市发展改革委、长江口航道局）

2．大力发展江海直达和江海联运。……

（三）加强公路货运治理

1．加强道路货运车辆超载超限治理。加强货物装载源头监管，督促大宗货物生产、仓储企业和物流园区落实安全生产主体责任，制止超限超载运输车辆上路。定期开展超限超载车辆路面执法监督检查工作，重点加强对严重超限超载车辆的查处，积极开展流动联合执法，统一超限超载认定标准，制定治超联合执法工作方案，形成交通、公安联动执法的良好局面。研究高速公路收费站称重检测的技术方案。开展非现场治超执法系统工程，完善运行13处、38条车道的治超动态不停车检测系统，研究货车车道渠化、电子抓拍等科技手段的应用，启动非现场处罚手段，研究出台治超非现场执法布点建设方案，逐步推动治超信息系统功能升级与系统改造。加强执法单位的数据对接，推进各执法单位在信息领域的合作，加强与苏浙皖三省的数据交换，推进跨区域超限案件协查、"一超四罚"车辆信息传递等功能建设。推进长三角区域高污染机动车环保信息共享平台建设，强化长三角区域内高污染车联防联治。（责任单位：市交通委、市发展改革委、市经济信息化委、市公安局、市生态环境局）

2．大力推进货运车型标准化。……

（四）推进多式联运发展

1．加快联运枢纽建设，推动联运装备标准化。打造由五大重点物流园区（外高桥、深水港、浦东空港、西北、西南）、四类专业物流基地（制造业、农产品、快递、公路货运）为核心架构的"5+4"空间布局。推动多式联运设施与装备技术标准化，鼓励开展物流一体化运输，推广托盘、集装箱、集装袋等周转联运设备标准化与循环共用。[责任单位：市发展改革委、市商务委（市口岸办）、市交通委、相关区政府、上港集团、中国铁路上海局集团、中铁集上海分公司]

2.加快发展集装箱铁水联运。……

3.深入实施多式联运示范工程。……

（五）推动城市绿色配送

1.推进城市绿色货运配送工程。支持邮政快递企业、城市配送企业、道路货运企业创新统一配送、集中配送、共同配送等集约化运输组织模式，积极开展网络化运输、带板运输、托盘社会化循环共用等高效组织和运营模式的试点项目，并适时推广。进一步深化无车承运人和甩挂运输工作。加强多部门协同，推动完善末端配送设施布局顶层设计。加强对装卸停靠需求的排摸，挖掘路内外停车存量资源，多措并举缓解"停靠难、装卸难"问题；推动企业精简装卸货流程，调整配送时段、线路，优化装卸点选址。[责任单位：市交通委、市商务委（市口岸办）、市公安局、相关区政府]

2.加大新能源城市配送车辆推广应用力度。……

（六）加强信息资源整合

1.提升联运信息化水平。加快研究建立规范的多式联运统计制度，推进多式联运信息交换共享，提高业务协同和服务效能。探索联运业务"一单制"，尽快实现各部门间数据的高效交换和信息共享，打造上海港"一站式"专业化的多式联运服务平台，并推动与上海国际贸易"单一窗口"平台互联互通和信息共享。研究推进货物港口提单、铁路运单、装卸车船等铁水联运信息交换共享。到2020年底前，建立以业务为支撑、以服务为导向的具有创新示范效应的多式联运信息服务平台。[责任单位：市交通委、市商务委（市口岸办）、上港集团、中国铁路上海局集团、中铁集上海分公司]

2. 加强运输结构调整信息报送和监测分析。……

三、保障措施

（一）加强政策支持

积极落实财政支持政策，研究制定专项扶持政策。继续加大节能减排专项资金、国际航运中心建设专项资金等政府资金的支持力度。研究出台推进集装箱铁水联运发展的扶持政策。研究制定机场、港口非道路移动机械推广应用新能源、清洁能源装备扶持政策。（责任单位：市交通委、市发展改革委、市财政局）

（二）加强监督考核

强化督导考评。建立统计制度和评估体系，定期开展跟踪分析并发布评估结果，加强对各项目承担单位履责情况的监督；定期开展针对铁路、港口等企业的督导考核，确保责任落实。（责任单位：市交通委、各相关责任单位）

（三）营造良好发展环境

加强多部门协同联动，共同推进运输结构调整工作。……

加强政策宣传，营造浓厚工作舆论氛围。……

八、贺电（贺信、贺词）

（一）简况

贺电（贺信、贺词）一般用于对下级或者兄弟单位以及个人某项工作取得显著成绩、重大业绩，对下级或者兄弟单位举办会议、活动或者完成任务等表示祝贺。

（二）写法

贺电（贺信、贺词）包括：标题、正文、落款、日期。

正文通常写三个部分：

1.表示祝贺。如："欣悉……，我们谨表示热烈祝贺。"或者："值此……会议召开之际，我们谨表示诚挚祝贺。"

2.作出评价。对取得的显著成绩、重大业绩以及产生的经济社会效益、良好反响，对会议、活动的重要性以及将会产生的成果、作用，作一番评述。

3.提出希望或者表示祝愿。如，"希望你们……""衷心祝愿……"。或者，"让我们……"。

例文：

贺 电

中国体育代表团：

　　欣悉上海跳水运动员吴敏霞与队友郭晶晶在今天下午举行的奥运会女子双人三米跳板决赛中配合默契，技压群芳，为中国体育代表团再添一金，我们谨代表全市人民表示热烈祝贺！（此为表示祝贺）

　　吴敏霞在奥运赛场上的出色发挥，是党和人民培养、关心和鼓励的结果，是国家体育总局以及国家队教练们悉心指导的结果，也是同她刻苦训练、顽强拼搏分不开的。自雅典奥运会夺冠以来，她坚持以高标准严格要求自己，不断超越自我，在世界大赛中取得了一个又一个好成绩。在这次比赛中，她与队友郭晶晶以实际行动弘扬了更快、更高、更强的奥林匹克精神，展示了坚韧不拔、昂扬奋进的中华民族形象，上海人民为她而骄傲！（此为作出评价）

　　衷心祝愿中国体育健儿在奥运会比赛中再接再厉、乘胜前进，为祖国和人民争取更大的荣誉，为举办一届有特色、高水平的奥运会贡献更大力量！（此为表示祝愿）

中共上海市委 上海市人民政府

2008年8月10日

九、感谢信

（一）简况

感谢信一般是对兄弟单位以及个人为某项工作、会议、活动或者其他事项给予的支持，在某个方面付出的辛劳或者提供的帮助表示感谢。

（二）写法

感谢信包括：标题、正文、落款、日期。

正文通常写四个部分：

1.事由。主要交代某项工作、会议、活动或者有关事项的背景、基本情况。

2.感谢的内容和表达的谢意。对兄弟单位以及个人所给予的支持、付出或者提供的帮助作一番叙述，并表示衷心感谢。

3.下步展望。提出下步的有关工作打算或者设想。

4.希望、要求或者祝愿。如，"让我们……"。或者，"我们要……"。

注：第四部分可以省略。

例文：

中共上海市委、上海市人民政府致全市人民的感谢信

亲爱的市民朋友们：

习近平总书记亲自谋划、亲自提出、亲自部署推动的首届

中国国际进口博览会，在党中央、国务院的坚强领导和周密部署下，在全国人民和各有关方面的大力支持下，在全市人民的共同努力下，取得了圆满成功！（此为事由）

中国国际进口博览会是迄今为止世界上第一个以进口为主题的国家级展会，是我国着眼于推动新一轮高水平对外开放作出的重大决策，是我国主动向世界开放市场的重大举措。在上海举办中国国际进口博览会，是党中央、国务院交给上海的重要任务。本届中国国际进口博览会全球瞩目、盛况空前，习近平总书记出席开幕式并发表主旨演讲，共有172个国家、地区和国际组织参会，3600多家企业参展，超过40万名境内外采购商到会洽谈采购，收获了一大批成果。按照习近平总书记"努力办成国际一流博览会"的重要指示，全市人民识大体、顾大局，全力支持，积极配合，广泛参与，努力当好东道主。广大工作人员辛勤付出，无私奉献，涌现很多感人事迹。全市上下全力以赴、齐心协力，确保了博览会期间场馆运行有序、城市交通顺畅、市容环境整洁、服务保障优质，为国家和上海赢得了荣誉。在此，谨表示衷心的感谢和崇高的敬意！（此为感谢的内容和表达的谢意）

首届中国国际进口博览会的成功举办，展示了我国扩大对外开放的新形象，也丰富了"海纳百川、追求卓越、开明睿智、大气谦和"上海城市精神的内涵。我们要以开放共享的机遇意识，不断放大展会效应，主动服务国家战略，积极打造永不落幕的中国国际进口博览会，努力实现习近平总书记提出的"办出水平、办出成效、越办越好"的目标。（此为下步展望）

让我们更加紧密地团结在以习近平同志为核心的党中央周围，认真贯彻落实习近平总书记在首届中国国际进口博览会开幕式上和视察上海工作时的重要讲话精神，坚定不移深化改革、扩大开放，推动高质量发展，创造高品质生活，为加快建设"五个中心"和具有世界影响力的社会主义现代化国际大都市而努力奋斗！（此为希望）

中共上海市委　上海市人民政府

2018年11月11日

十、慰问电（慰问信）

（一）简况

慰问电（慰问信）一般针对两种情形。第一种情形是，上级或者平级或者关系密切单位逢重大节日如元旦、春节、国庆、中秋时，或者重大会议、活动后，向有关地区、单位和人员表示慰问和感谢。第二种情形是，上级或者平级或者关系密切单位向因自然灾害或者突发事件遭受损失、不幸的有关地区或者单位乃至个人表示慰问。

（二）写法

慰问电（慰问信）包括：标题、正文、落款、日期。

针对第一种情形的慰问电（慰问信），正文通常写五个部分：

1.表示慰问。如，"值此2019年新春佳节即将到来之际，我们谨向大家表示亲切的慰问和美好的祝福"。

2.作出评价。对作出的贡献或者取得的成绩作一番评述。

3.展望今后。叙述今后面临的形势和工作任务。

4.提出希望或者要求。如，"让我们……"。或者，"我们要……"。

5.再次表示祝福。

注：第三、第四部分可以合并，第五部分可以省略。

例文：

致驻沪人民解放军、武警部队全体官兵和全市烈军属、残疾军人、转业复员退伍军人、军队离退休干部慰问信

亲爱的同志们，朋友们：

天地风霜尽，乾坤气象和。值此新春佳节来临之际，上海市人民政府和全市人民向大家致以亲切的慰问和美好的祝福！（此为表示慰问）

2017年，令人难忘。党的十九大胜利召开，标志着中国特色社会主义进入新时代，也极大地鼓舞了全市人民。在党中央、国务院和上海市委的坚强领导下，全市上下团结拼搏、攻坚克难，保持了上海经济社会平稳发展、民生持续改善的良好局面。这一年，自贸试验区和科技创新中心建设两大国家战略实施全面推

进，洋山四期自动化码头正式开港，C919大客机飞上蓝天，黄浦江45公里岸线公共空间贯通开放，各项事业发展水平上了新台阶。与此同时，上海积极支持国防建设和军队深化改革，深入开展双拥工作，进一步密切了军政军民关系。

过去的一年，驻沪部队全面贯彻新时代党的强军思想，坚决听从习主席号令，聚焦打赢，积极备战，各方面工作呈现出新面貌。广大官兵在服务地方建设、保障城市安全、维护社会稳定等方面，发挥了重要作用。广大烈军属、残疾军人、转业复员退伍军人、军队离退休干部不忘初心，无私奉献，涌现出许多感人事迹。上海的发展和进步，凝聚着大家的辛劳和汗水，为此，谨向你们表示衷心的感谢和崇高的敬意。（此为作出评价）

2018年，是全面贯彻落实党的十九大精神的开局之年，是改革开放40周年，是决胜全面建成小康社会、实施"十三五"规划承上启下的关键一年。我们要以习近平新时代中国特色社会主义思想为指导，深入贯彻中央部署和国家战略，坚定不移深化改革、扩大开放，深入推进供给侧结构性改革，大力实施创新驱动发展战略，促进经济高质量发展，全面提升城市吸引力、创造力、竞争力。要积极顺应强国强军时代要求，全力支持部队练兵备战；继续做好双拥工作，广泛开展"关爱功臣活动"，使部队官兵和优抚对象有更多的获得感、荣誉感，真正让军人成为全社会尊崇的职业。（此为展望今后）

迈入新时代，砥砺新征程。让我们更加紧密地团结在以习近平同志为核心的党中央周围，全面贯彻落实党的十九大精神，不断巩固军政军民团结，不断夺取新时代伟大胜利，用奋斗创造更加美好的未来。（此为提出希望）

　　祝大家春节快乐，阖家幸福！（此为再次表示祝福）

上海市人民政府

2018年2月11日

　　针对第二种情形的慰问电（慰问信），正文通常写两个部分：

　　1.表示慰问。对对方因自然灾害或者突发事件遭受损失表达慰问之情。如果给予财力、物力、人力支持，可以告知。

　　2.表示祝愿或者提出希望。如，"我们相信……"。或者，"让我们……"。或者，"希望……"。

例文：

慰　问　电

中共四川省委、四川省人民政府：

　　获悉4月20日8时许，贵省雅安市芦山县发生7.0级地震，造成重大人员伤亡和财产损失，我们谨代表上海人民向受灾群众表示深切的慰问，向参加抗震救灾的干部群众和解放军、武警部队官

兵致以崇高的敬意！同时，我市捐款人民币500万元，支援当地抗震救灾、重建家园。（此为表示慰问，并告知捐助）

目前，上海医疗等救援队伍和救灾物资已准备就绪，将根据灾情状况和灾区群众安置、灾后重建需要，随时赴川全力支援灾区人民抗震救灾。我们相信，在党中央、国务院的亲切关怀下，在四川省委、省政府的坚强领导下，经过广大军民的团结奋战，灾区人民一定能够夺取抗震救灾的全面胜利！（此为表示祝愿）

中共上海市委　上海市人民政府

2013年4月20日

第三节 公文写作需要把握的重点

一般来说，公文写作需要把握的重点是：立意、主题、结构、材料、语言。要增强写作能力、提高写作水平，需要在这几个方面下功夫。

一、立意

立意是文章的高度。公文作为一种特定的文章，特别讲究立意。不论是请示事项、报告情况，还是作出决定、部署工作，都要站在一定的高度。特别是省市党政机关的公文，要站在国家战略的高度，立足全国发展的大局。现在，改革开放不断扩大和深化，市场经济不断发展，经济社会发展不断加快，公文的作者一定要具有全局意识、大局观念和宽广视野，准确地把握党和国家的方针和政策、上级机关的思路和意图、群众的需求和愿望，使公文的内容切实可行。

二、主题

主题是文章的"灵魂"。公文必须确立主题、突出主题，阐述的观点、引用的事例围绕主题。公文一开头，就要直奔主题。现实工作中，有的公文主题并不突出、鲜明，有的游离主题、背弃主题，洋洋洒洒一大段，使人如坠云里雾里，有丈二和尚摸不着头脑之感，正像有的领导同志批评的，"不着边际，不得要领，不知所云"，"面面俱到，样样不到"。还有的公文，一开头就兜圈子，如"在……领导下，在……关心下，在……支持下，在……帮助下，在……推动下，在……努力下，……"。那么多的"在……下"出来了，就是正式内容还没出来。看着这样的开头，不禁想到一句歌词，"这里的山路十八弯，这里的水路九连环"，实在是令人着急。公文需要"单刀直入"，一开头就能引起读者的注意，这样才能达到发文的目的。2010年一季度，上海郊区一家公司发生一起生产事故，造成几名职工伤亡。该公司上级单位拟下发一通知，要求加强安全生产工作。通知原来的开头部分是介绍上海世博会的意义、规模和准备工作情况，然后才开始讲××公司发生了一起生产事故，再提出加强安全生产工作的几项措施。其开头这样写的本意，是为了说明在上海世博会即将举行的背景下××公司发生这起事故，很不应该，但开头这样写并无必要。根据领导要求，起草人员对此做了删改。最后正式下发的通知，开头为："最近，××公司发生了一起生产事故，造成人员伤亡和经济损失，影响较坏，教训深刻。为了切实加强安全生产工作，现就有关事项作如下通知：……"这就直接点题。在其后的具体措施中，强调要创造良好环境，确保上海世博会顺利举行。这样的写法，应该是比较合理的。

三、结构

结构是文章的"骨架"。一篇文章要写得好，必须是结构严谨、层次分明、脉络清晰、眉目清秀，公文更应该是这样。总写什么，分写什么；先写什么，后写什么；详写什么，略写什么，都要事先谋划，合理布局。结构包括开头、结尾，层次、段落，过渡、照应，这几个都要把握好。毛泽东同志指出："写文章要讲逻辑。就是要注意整篇文章、整篇讲话的结构，开头、中间、尾巴要有一种关系，要有一种内部的联系，不要互相冲突。"公文的结构要严谨，段落与段落之间要紧密衔接。在阐述一个问题或者就某项工作提出要求时，如果分成几点，这几点可以是并列式，也可以是递进式，相互之间的关系要处理好，形成有机的整体、无缝的接合。有的公文，往往忽视了这个方面，使得结构松散，内容凌乱，"东一榔头西一棒"，读者难以理解其主旨，更不要说去贯彻执行了。这样的公文，也就失去了应有的效用。

四、材料

材料是文章的"血肉"。人们常说，文章要有血有肉。这里，就对材料的占有、运用提出了要求。"巧妇难为无米之炊。"没有材料，就难以写出公文。即使写出的公文，也是空洞无物，显得干巴巴的，缺乏生动性。因此，平时收集、积蓄材料十分重要。中央的大政方针，领导同志的重要讲话，上级文件精神，国内外相关信息，本部门、本单位工作进展情况、典型案例、内部简报，兄弟单位的经验、做法，社会各界和群众的反映，各类媒体上的报道、文章，等等，都可以列入材料的范围。在公文写作中，要"按需获取"，善于运用，使公文"饱满""立体""增色""生辉"。对有些材料，还要善于筛选、加工和提炼，使其更好地丰富文章的内容，支撑文章的观点。

材料安排，是公文写作的关键之一。这就提醒起草人员要养成良好的习惯，眼观六路，耳听八方，多读多看，多写多记，学会剪辑，学会综合，做到"思接千载，视通万里"。这样，写作的时候就能够信手拈来，游刃有余。

五、语言

语言是文章的"细胞"。公文的语言，讲求简洁、准确、庄重、得体、规范。

所谓简洁，就是言简意赅。英国剧作家莎士比亚说过："简洁是才能的姐妹。"公文应该是：能说一句，不说两句；能说短句，不说长句；能说单句，不说复句。如有一公文，对领导配备秘书作出规定，其中有两句，"凡是男的领导不能配备女的秘书，凡是女的领导不能配备男的秘书"，这就显得啰唆。实际上，用一句"领导干部不得配备异性秘书"就可以了。

所谓准确，就是词语要达意，不能产生歧义，使人误解。如《××市人民政府关于禁止在本市加工、销售毛蚶的通告》（代拟稿）中，有这样一条，"禁止从水路、陆路将毛蚶运入本市"。这就容易使读者误认为，从空路将毛蚶运入本市是可以的。这就与发文机关的本意产生了偏差。后来修改为："禁止将毛蚶运入本市。"该通告代拟稿中还有这样一条，"对加工、销售毛蚶者，一经发现，一律予以没收并罚款"。这就令人费解，对加工、销售毛蚶的人，怎么予以没收？后来修改为："对加工、销售毛蚶者，一经发现，一律没收其非法所得并处以罚款。"

所谓庄重，就是语言要平实，不要花里胡哨，不要乱用比喻、夸张、反复等修辞手法。比如说，反映北京下大雪，公文中就不宜出现"燕山雪花大如席"这样的句子，降雪量达到多少就写多少。

所谓得体，就是语言运用恰到好处，符合需要。如，词有褒义词、贬义词、中性词，要注意褒贬之分。像"扬长而去"一般是贬义词，"有口皆碑"则是褒义词，不能混淆。如有这么一句，"××同志作完了报告，扬长而去"，这是把"扬长而去"这一贬义词误作褒义词；如有这么一句，"××单位办事一贯拖拉，有口皆碑"，那是把"有口皆碑"这一褒义词误作贬义词。

所谓规范，就是语言要符合组词造句的规则。此外，一些土语、口语、方言、俚语、网络语言等，不宜为公文所用。至于有些看来不太规范，但已被人们认可、常用，报刊书籍也在使用的语言，则另当别论。如"正能量""给力"等，公文中偶有出现也未尝不可。

第四节　提高写作水平的途径

一、勤于学习

当今时代，是知识创新的时代，是终身学习的时代，这就要求我们从事公文写作的同志具有一种学习紧迫感，"抓紧学习、刻苦学习，善于学习、善于重新学习"。要学习政治理论，学习法律法规，学习市场经济知识，学习科学技术，学习公共管理和应急管理，学习文学作品，学习写作技能，学习外语，学习一切对工作有用的东西。围绕公文写作，"古今中外""语修逻文"都可以列入学习重点。"古今"是指古今名篇，"中外"是指中外经典。"语"是指语法，"修"是指修辞，"逻"是指逻辑，"文"是指文字。中华传统文化博大精深，要不断地学习，丰富自己的头脑，提升自己的人文素养和写作能力。公文写作也是一个"瓷器活"。"没有金刚钻，不揽瓷器活。"

二、乐于思考

要学习雷锋，"干一行，爱一行，钻一行"，潜心公文写作，积极开动脑筋。《礼记·中庸》里讲到学习的方法，提出要"博学之，审问之，慎思之，明辨之，笃行之"。就是说，要多学习，多请教，多思考，多比较，多实践。其中，多思考、多比较显得十分必要。在工作中，要经常思考如何体现公文的良好文风、发挥公文的效用；如何使公文达到"内容简洁、主题突出、观点鲜明、结构严谨、表述准确、文字精炼"的要求，做到"天衣无缝"、无懈可击；如何使公文切合实际、通俗易懂，让受文对象爱读、易记。同时，可以留心别人起草的公文、上级部门下发的公文，看看这些公文有哪些优点值得自己学习，这样提高得更快。实践证明，经常思考者，公文写作就会充满热情和激情。

三、善于记忆

常言道，记忆是成功的一半。经常记忆，加强记忆，有助于公文写作。"刀不磨要生锈，脑不用要迟钝。"多记点东西，也有利于保持思维敏捷、思路开阔。当然，对记忆的东西，要加以选择，主要是记住对公文写作有用的东西，如重要文件和领导讲话精神、重点工作、统计数据、重大事项等。就像鲁迅所说的那样，"烂熟于心，成竹在胸"，到需要的时候，信手拈来，脱口而出。

记忆有多种方法。

一是排序法。如，法国大革命发生在1789年，记住"789"就可以了。

二是数字法。如，党的全国代表大会五年召开一次，"逢2逢7"召开，党的十八大于2012年召开，党的十九大于2017年召开，党的二十大将于2022年召开。又如，2005年3月14日全国人大常委会通过并实施的《反分裂国家法》，其主要内容可以用"一二三四五六"来记忆，就是"坚持一个原则、采用两种方式、针对三种情况、做到四个维护、实行五个鼓励和推动、明确六个可以协商谈判事项"。"坚持一个原则"，即一个中国原则。"采用两种方式"，即和平统一方式与非和平统一方式。"针对三种情况"，即出现分裂成为事实、导致分裂的重大事变发生、和平统一丧失可能性这三种情况之一时，采用非和平统一方式。"做到四个维护"，即维护台湾海峡地区和平稳定、维护国家主权、维护领土完整、维护中华民族的根本利益。"实行五个鼓励和推动"，即鼓励和推动两岸人员往来，鼓励和推动两岸经济交流与合作，鼓励和推动两岸教育、科技、文化、卫生、体育交流，鼓励和推动两岸共同打击犯罪，鼓励和推动有利于维护台湾海峡地区和平稳定、发展两岸关系的其他活动。"明确六个可以协商谈判事项"，即正式结束两岸敌对状态，发展两岸关系的规划，和平统一的步骤和安排，台湾当局的政治地位，台湾地区在国际上与其地位相适应的活动空间，与实现和平统一有关的其他任何问题。再如，对2010年上海世博会，可以用几个数字来概括，叫"百年梦想，八年筹办，半年辉煌，永远难忘"。就是说，早在清朝，就有人提出了举办世博会的设想；上海世博会于2003年申办成功到2010年正式举办，前后经过了8年的筹办；上海世博会从2010年5月1日开幕至10月31日闭幕，历时半年，非常成功；上海世博会产生的影响将会久远。

三是对比法。如，北京奥运会与上海世博会的举办时间相隔2年，北京奥运会于2008年举办，上海世博会于2010年举办。再如，开发开放浦东比建立深圳特区晚10年，记住1980年建立深圳特区，就能记住1990年开发开放浦东。

四是口诀法。如，黄河流经9个省区，可以用口诀"青川甘宁内蒙古，直下秦晋和豫鲁"来记。又如，我国主要历史朝代，可以用口诀"黄帝尧舜夏商周，秦亡两汉三国晋。南北朝隋唐五代，宋元明清到现在"来记。又如，唐宋八大散文家，可以用口诀"韩柳曾王，三苏加欧阳"（韩愈、柳宗元、曾巩、王安石、苏洵、苏轼、苏辙、欧阳修）来记。再如，称呼有谦称和尊称之分。对别人称自己的家人，辈分或者年龄比自己大的用"家"，如父母叫家父、家母，哥哥、姐姐叫家兄、家姊；辈分或者年龄比自己小的用"舍"，如弟弟、妹妹叫舍弟、舍妹。这里"家""舍"都是谦词。而自己称别人的家人，不管对方辈分或者年龄是比自己大还是比自己小，都用"令"，如称别人的父母叫令尊、令堂，称别人的哥哥、姐姐叫令兄、令姊，称别人的儿子、女儿叫令郎、令爱。这里，"令"是敬词。用"家""舍"还是用"令"，是有规律的，可以用口诀"家大舍小令外人"来记。

五是谐音法。如，圆周率用希腊字母 π 表示，它是一个常数，约等于3.1415926535。很多人通过谐音"山顶一狮一壶酒两鹿舞三舞"来记住。又如，宋朝存在的时间为960年至1279年。宋朝建立后，为了巩固新生王朝，赵匡胤"杯酒释兵权"。"酒"与"9"谐音，宋朝的建立和灭亡的时间正巧都有"9"，记住"9"，就容易记住宋朝起始于960年，结束于1279年。

六是联想法。如，2001年我国有三件喜事，如果记住一件是中国加入WTO，就会联想到，还有一件是中国申办奥运会成功，再有一件是中国足球队进入世界杯决赛圈。

七是提要法。如，世界上著名的会计事务所有四个，普华永道、德勤、毕马威、安永，记住"普德毕安"就行了。

对上述记忆方法，可以结合实际，"为我所用"。

四、勇于实践

提高公文写作水平，不是一朝一夕可以实现的，需要日积月累，循序渐进。"操千曲而后晓声，观千剑而后识器。"要想写、愿写、敢写，有一种写作的冲动，不要不想写、不愿写、不敢写。曾经听到有人说："一提到写公文，我就饭也吃不好，觉也睡不着，就像失恋般痛苦。"这种心态不行。俗话说，"心态好，一切都好"。对待写作，要有良好的心态，这也是搞好写作的前提。如果每次接到写作任务，都有一种"追逐美好的彩云，迎接灿烂的阳光"之感，那么，就能够尽快地进入角色，很好地完成任务。

五、甘于奉献

在机关、单位工作，做领导的参谋助手，要有一种奉献意识。要"吃得起辛苦，挑得起重担，经得起考验，受得了委屈，耐得住寂寞，守得住清贫，管得住小节，挡得住诱惑"，甘当无名英雄、幕后英雄。通过平凡的工作，创造不平凡的业绩，体现人生的价值，更好地报效祖国，奉献社会。"名利淡如水，事业重如山。"作为工作人员，要把主要精力放在钻研业务上，放在搞好服务上，成为某个领域的行家里手，而不宜过多地考虑个人进退和得失。为了写好一份文件，不惜加班加点，牺牲个人时间，这就是一种奉献。相信自己的努力，会得到领导和同事们的肯定，会取得社会的认可。马克思说得好："我们的事业并不显赫一时，但将永远存在。"

第五节　文稿修改的方法

清代"扬州八怪"之一郑板桥喜欢作诗画画。他66岁时，画了一幅竹子，并题了一首诗："四十年来画竹枝，日间挥写夜间思。冗繁削尽留清瘦，画到生时是熟时。"这首诗反映作者自己喜欢竹子，多少年一直都在画竹，表明已经入"时"（即已经有一定年限）；白天画，晚上想，如何画得更好，表明已经入迷；画竹时，把多余的坚决删去，以保留竹子清瘦的风格，表明已经入神；每次画竹，都会遇到难点，但战胜了难点，就又提高了一步，表明已经入"境"（即进入更高的境界）。

在公文写作上，我们要像郑板桥那样，坚持不懈地努力，做到多写多练，积极思考，勇于突破，不断进步。每次起草公文，只要时间允许，就多作修改，力臻完善。文章总是越改越精，越改越好。鲁迅先生说过："文章写完后至少看两遍，竭力将可有可无的字、词、段删去，毫不可惜。"在这方面，要很细致，不能大而化之，一目十行；要有耐心，克服"视觉疲劳"；要有智慧，运用一定的技能；要有信心，确保每次拿出的"产品"都能合格，让领导满意和放心。

对文稿修改的方法，可以归纳为"一、二、三、四、五"。

"一"是发扬一种精神，就是工匠精神。要精雕细刻，字斟句酌。

"二"是坚持两个原则，就是尊重原稿本意，贯彻领导意图。

"三"是采用三种方法，就是增加、删除、移动。

"四"是实行四个步骤，就是推敲标题，理顺结构，充实内容，修饰文字。

"五"是把好五道关，就是政治大局关、法律政策关、内容表述关、文字标点关、体例格式关。

"文章不厌百回改。"一个机关、单位的公文起草后，按照拟制程序，要经过办公室的统一审核，再报领导审签，领导审签后，办公室或者有关人员还要再作复核。起草人员要做"有心人"。如果办公室在审核中作了修改，领导在审签中也作了修改，或者复核时又有个别修订，起草人员都要仔细看、仔细想，如此改动，好在哪里，今后自己再起草，需要注意哪些问题。这样，对自己的进步就很有裨益。文稿中被发现出问题，不管是大的差错，还是小的瑕疵，今后都要严加防范。古希腊哲学家赫拉克利特有一名言："人不能两次踏进同一条河流。"联系公文写作，想到三点：一是人非圣贤，孰能无过。起草时，难免会考虑不周，出点问题，这不足为奇。二是知错则改，善莫大焉。发现问题后，及时加以修改，这是正确的态度，值得肯定。三是引以为戒，下不为例。确保类似的错误不重复发生。

第三章　公文的常见问题及修改

现在，由于多方面的原因，属于公文范畴的文稿中，不时地会出现一些问题。2010年3月，《咬文嚼字》杂志主编郝铭鉴在《解放日报》上发表文章指出："别说普通的人'象、像'不分，'的、得'乱用，连有些政府机关也把'启事'和'启示'、'权力'和'权利'混为一谈，发出来的文件经常前言不搭后语。"这类情况值得深思，需要切实加以整改。"运筹于帷幄之中，决胜于千里之外。"公文中，一旦出了问题，就会影响决策部署，影响上传下达，影响交流和沟通，影响日常工作。因此，无论是公文起草者，还是公文把关者，都要具备扎实功底，炼就"火眼金睛"，对文稿中的问题，能够及时地发现和纠正。这方面，要有"但使龙城飞将在，不教胡马度阴山"的信心和能力。

第一节 标题方面

一、标题

前面说过，公文标题一般讲求"三性"：完整性、简洁性、准确性。否则，就不规范。

试举几组标题差错的例子。

第一组：

（1）《关于做好环境卫生工作的通知》

（2）《××市财政局请示》

（3）《关于开展保密检查工作》

（4）《××机电总公司批复同意解决库存商品资金问题》

（5）《关于××部征求对开展学习实践科学发展观活动意见的函》

（6）《××市教育局、××市人力资源社会保障局关于改革地方高校招聘用人制度的请示报告》

上述六个标题中，（1）缺少发文单位，应改为《××单位关于做好环境卫生工作的通知》。（2）缺少事由，根据内容，可以改为《××市财政局关于……的请示》。（3）既缺少发文单位，又缺少文种，根据发文单位和公文内容，可以改为《×××局关于开展保密检查工作的通知》。（4）事由与文种次序颠倒，可以改为《××机电总公司关于同意解决库存商品资金问题的批复》。（5）介词"关于"的位置出错，应改为

《××部关于征求对开展学习实践科学发展观活动意见的函》。

（6）误把请示、报告两个文种叠加，应改为《××市教育局、××市人力资源社会保障局关于改革地方高校招聘用人制度的请示》。

第二组：

（7）《××单位关于当前流动资金紧张影响生产发展为了确保生产发展请求增拨流动资金的请示》

（8）《××市政府关于邀请贵部派员参加能源协调联席会议以更好地发挥联席会议协调作用的函》

（9）《××区人民政府关于抓好"菜篮子工程"丰富市民"菜篮子"花色品种的通知》

（10）《××市人民政府关于贯彻落实〈全国现代服务业"十二五"发展规划〉的实施意见》

上述四个标题都不简洁。（7）可以改为《××单位关于请求增拨流动资金的请示》。（8）可以改为《××市政府关于邀请派员参加能源协调联席会议的函》。（9）可以改为《××区人民政府关于抓好菜篮子工程的通知》。（10）可以将"落实"删去。

第三组：

（11）《×××局关于停止活禽交易暂时关闭活禽交易市场的通告》

（12）《××市人民政府关于请求赠送一艘猎潜艇用作海

洋博物馆展品的函》

上述两个标题表达得都不准确。（11）从字面上看，"暂时关闭活禽交易市场"，那么"活禽交易"只是暂时停止，故标题应改为《×××局关于暂时停止活禽交易暂时关闭活禽交易市场的通告》。（12）"猎潜艇"前缺了"退役"二字，因为正在服役的猎潜艇不可能赠送给地方用作展品。应改为，《××市人民政府关于请求赠送一艘退役猎潜艇用作海洋博物馆展品的函》。

（13）《××市人民政府关于邀请××国元首访华的请示》

作为地方政府，邀请外国政要来访，只能是访问本地，用了"访华"，范围太大。这个标题可以改为，《××市人民政府关于邀请××国元首访问我市的请示》。

二、小标题

前面说过，一篇公文如有几个小标题，就要求这几个小标题是并列关系；每个小标题都能概括所在段落的主要内容；几个小标题的意思相加等于标题，不能有一个小标题与标题内容相同。此外，每个小标题的句子内部结构要尽可能整齐。

试举几个小标题差错或者不够完美的例子。

例1：一份关于支持农业产业化龙头企业发展的《实施意见》代拟稿中，有以下十个小标题：

一、支持龙头企业发展的重要意义

二、龙头企业发展的目标

三、加强生产基地建设，保障农产品有效供给

四、实施标准化生产，提高农产品质量安全水平

五、提升加工能力，促进产业优化升级

六、支持生态、休闲农业，促进产业融合发展

七、创新流通方式，畅通农产品营销渠道

八、加强品牌建设，提高龙头企业知名度

九、加快技术创新，提升龙头企业竞争力

十、鼓励"走出去"，拓展龙头企业发展空间

这十个小标题从内部结构上看不整齐，前面两个小标题都是偏正式，而后面八个小标题的结构都是动宾式。此外，前面两个小标题与后面八个小标题从内容上看不并列，后面八个小标题应归在主要措施里，作为一个小标题，与前面两个小标题并列。

上述小标题可以改为：

一、充分认识支持龙头企业发展的重要意义

二、明确龙头企业发展的目标

三、落实支持龙头企业发展的措施

（一）加强生产基地建设，保障农产品有效供给

（二）实施标准化生产，提高农产品质量安全水平

（三）提升加工能力，促进产业优化升级

（四）支持生态、休闲农业，促进产业融合发展

（五）创新流通方式，畅通农产品营销渠道

（六）加强品牌建设，提高龙头企业知名度

（七）加快技术创新，提升龙头企业竞争力

（八）鼓励"走出去"，拓展龙头企业发展空间

例2：在一纪要的代拟稿中，这样写道："会议确定如下意见：一、……二、严格管理，加大力度。有关部门和企业要进一步加大电磁辐射科学知识的宣传普及力度，密切关注网络等各种传媒的信息，正确引导社会舆论。联合工作组要继续组织相关单位深入做好项目建设的解释工作，消除周边居民的疑虑和不安心理。"

上述一段的小标题"二、严格管理，加大力度"，未能准确概括后面的内容，可以改成"加强宣传，解疑释惑"，这样才与内容相一致。

例3：有一《××市人民政府关于进一步加强城市建设和管理的通知》代拟稿，有五个小标题：一、把加强城市安全管理列入重要议事日程。二、严格交通管理。三、搞好消防安全管理。四、加强城市基础设施建设。五、进一步加强城市建设和管理。

上述小标题中，第五个小标题与标题重合，与前四个小标题也不是并列关系，它包含了前四个小标题的内容。根据该小标题下面的内容，可以改为："五、深入开展城市安全管理的督促检查"。

例4：有一关于加快建设住房保障体系的《通知》代拟稿，

有四个小标题：一、廉租住房受益面不断扩大。二、经济适用房建设稳步启动。三、大力推进动迁安置房建设。四、积极探索建立公共租赁住房制度。

上述小标题中，前两个小标题为主谓式，后两个小标题为动宾式，不统一。可以改为都是动宾式：一、不断扩大廉租住房受益面。二、稳步启动经济适用房建设。三、大力推进动迁安置房建设。四、积极探索建立公共租赁住房制度。

例5：有一举办培训班的《请示》代拟稿，有三个小标题：一、关于办班的指导思想。二、办班的经费来源。三、加强办班的组织领导。

上述小标题中，第一个小标题是介词式，第二个小标题是偏正式，第三个小标题是动宾式，也是不统一。有三种修改方法：

修改1，都是介词式：一、关于办班的指导思想。二、关于办班的经费来源。三、关于加强办班的组织领导。

修改2，都是偏正式：一、办班的指导思想。二、办班的经费来源。三、办班的组织领导。

修改3，都是动宾式：一、明确办班的指导思想。二、落实办班的经费来源。三、加强办班的组织领导。

"天对地，雨对风，大陆对长空。"上述修改，无论采用哪种方法，都使这份《请示》的几个小标题显得整齐、匀称，具有美感。

第二节 结尾语方面

前面说过，常用公文一般都有结尾语，只是各自表达不同。这些结尾语，都有习惯的、固定的写法，不能出错。

试举通知、请示、报告、纪要、函、批复等公文结尾语差错的例子。

如下列通知的结尾语：

（1）以上通知，请研究执行。

（2）以上通知，请结合实际，有条件的就执行，没有条件的就不执行。

（3）以上通知，必须严格执行，不得有误。

（4）以上通知，敬祈周知。

上述结尾语中，（1）这样写，给人感觉有想象的余地和灵活的空间，显得不严谨。（2）这样写，同样显得不严谨，通知既然下了，所有受文者都应贯彻执行。（3）这样写，语气过于强硬，一般不这样表达。可以改为："以上通知，请认真贯彻执行。"或者改为："以上通知，请遵照执行。"或者改为："以上通知，请按照执行。"或者改为："以上通知，请落到实处。"（4）"敬祈周知"是礼貌用语，用在这里不合适。可以把"以上通知，敬祈周知"改为"特此通知"。

如下列请示的结尾语：

（1）特此请示。

（2）以上请示，请审阅。

（3）以上请示，如有不当，请批复。

（4）以上请示，事情很急，限当日答复。否则，会造成严重后果。

（5）妥否，请示。

上述结尾语中，（1）只是说明报了请示，应改为："特此请示，请予批复。"（2）只是要求上级审阅该请示，并没有请求上级批复，应改为："以上请示，请审批。"（3）是设定了两种情况，即如有不当，才请求上级批复；如无不当，则不需上级批复。其实不管当与不当，都需要上级批复。应改为："以上请示，请予批复。"或者改为："以上当否，请示复。"（4）的语气很强硬，对上级机关不可以这样说。可以改为："以上请示，请尽快批复。"（5）这里写的"请示"，是"请予批示"的意思，应完整地写出。否则，容易与文中的"请示"相混淆。应改为："妥否，请予批示。"

如下列报告的结尾语：

（1）以上报告，请批复。

（2）以上报告，请审批。

（3）以上报告，肯定不当，请指正。

（4）以上情况，特此报告。

上述结尾语中，（1）和（2）都是请求上级批复或者审批，而对报告上级是不批复的，（1）可以改为："特此报告。"（2）可以改为："以上报告，请审阅。"（3）是先肯定报告不当，再请求上级指正，这就使人不解，既然不当，为什么要上报，并要上级指正？知道不当，应修改、完善后，才能上报。可以改为："以上报告，如有不当，请指正。"这表示一种假设，也是一种谦虚。（4）中的"以上情况，"多余，应删去。

如下列纪要的结尾语：

（1）以上会议纪要，请各单位认真贯彻落实。

（2）会议在热烈的掌声中结束。

（3）最后，主持人宣布散会。

上述结尾语中，（1）这样的写法不符合纪要结尾语的写作习惯。可以改为："会议最后要求……"或者改为："会议号召，……"（2）和（3）的表述属多余，都应删去。

如下列函的结尾语：

（1）此致敬礼。

（2）紧握你的手。

（3）特此致函，请予批复。

上述结尾语中，（1）和（2）就像给个人写信，而函作为公文，发文者和受文者通常都应是单位，显然这样的表达不正确。可以改为："顺祝一切进步。"或者改为："祝各项工作再上新台阶。"（3）是要求受文者批复，而既然发函，就说明受文者与发文者是平行的关系，而不是上下级关系，故不能要求对方批复。否则，双方关系就发生了改变。可以改为："特此致函，请予函复。"或者改为："特此致函，请予回复。"或者改为："以上请予支持并盼复。"

如下列批复的结尾语：

（1）特此批复，如有不当，请指出。

（2）以上批复，请认真贯彻执行。

（3）以上批复，请予研究。

上述结尾语中，（1）这样写，好像上级在与下级进行探讨，这不合情理，应改为"特此批复"。这样表述，一切尽在不言中。（2）中"请认真贯彻执行"属多余，应删去，"以上批复"相应改成"特此批复"。（3）这样写，仅仅是要求下级进行研究，这也是不对的，属多余，"请予研究"应删去，"以上批复"相应改成"特此批复"。

第三节　法律方面

法律是"天下之公器"，是各级组织和全体社会成员都必须严格遵守和保证执行的行为规则。我国法律的效力，从高到低排列为：宪法（全国人大制定）→法律（全国人大及其常委会制定）→行政法规（国务院制定）→地方性法规（地方人大及其常委会制定）→规章（中央部门或地方政府制定）。所有文件表述都必须遵守法律规定，不得违背和突破。上述"地方"，是指省、自治区、直辖市，省会市，经济特区市，国务院批准的较大市，设区的市。

试举几个法律方面出现差错的例子。

例1：近几年来，为了促进房地产市场健康发展，××省委、省政府制定了一系列法律、法规和规章。

这句表述明显有错，××省委、省政府不能制定法律、法规，只有省政府可以制定规章。可以将"法律、法规和规章"改为"政策规定"。

例2：本省要及时把成熟的改革经验上升为法律和法规，用法制巩固改革成果。

一个省无权把经验上升为法律。这句中，应删去"法律和"三字。

例3：通过市场整顿和规范工作的开展，本市争取用一年左右时间，使执法力量和执法力度得到加强、加大，有关法律、法规得到进一步完善。

一个市也是无权完善法律、法规。可以将"法律、法规"改为"制度、规定"。

例4：我们要积极开展本市突发公共卫生事件应急管理及传染病防治相关法律法规的研究制定工作。

同样道理，一个城市无权制定法律。可以将"法律法规"改为"法规政策"。

例5：本区要及时清理、修改和完善不适应实践发展的法律、法规和政策规定。

一个区，也是无权清理、修改和完善法律、法规的，应将"法律、法规"删去。

例6：与世界上著名国际金融城市相比，本市在金融人才、监管能力、法律法规等方面还有许多差距。

由于制定法律的权限不在地方，故"法律法规"中的"法律"用得不对。可以将"法律法规"改为"法规规章"。

例7：××市人力资源和社会保障部门的一项职责是，制定人才流动方面的法规、规章。

　　一个市级部门，无权制定法规、规章，只能制订法规、规章草案，分别按照程序报市人大及其常委会、市政府审议通过后，才能成为法规、规章。这句中，可以将"制定人才流动方面的法规、规章"改为"制订人才流动方面的法规、规章草案"。

　　例8：××局负责在本市沿海海域和港口行使《中华人民共和国海上交通安全法》《中华人民共和国海洋环境保护法》等法规赋予的水上安全和防止船舶污染的执法权。

　　这句中提到的《中华人民共和国海上交通安全法》《中华人民共和国海洋环境保护法》均为法律，而不是法规。应将"法规"改为"法律"，或者改为"法律、法规"。

　　例9：本市加强公路管理的办法如与中央有关规定不一致，从其规定。

　　这种提法有问题，一是本市制定的任何办法，都不得与中央有关规定相抵触，这里提出"从其规定"是多此一举。二是从字面上看，好像已经预见到本办法可能会与中央有关规定相抵触。既然已经预见到，那为何要出台这一办法？这句可以改为："本办法如与本市有关规定不一致，以本办法为准。"这就是说，本市制定的东西可以进行横向比较，不应进行纵向比较。否则，就意味着本办法可能有与中央有关规定相抵触之嫌疑。

第四节　语法方面

语法是指用词造句的规律，分为词法和句法。词法的内容，包括词的分类、词的组合；句法的内容，包括句子的成分、句子的分类。如何规范地遣词造句、很好地驾驭语言，是语法的题中应有之义。

试举几组语法方面差错的例子。

一、语序不当

例1：要聚焦大型商业综合体、厂房仓库等重点场所，开展消防安全专项治理，挂牌督办、攻坚消除一批市、区两级重大火灾隐患。

这句中，给人感觉是重大火灾隐患还分成市、区两级，"市、区两级"应放在"挂牌督办"之前，这样语序才正确。

这句改为："要聚焦大型商业综合体、厂房仓库等重点场所，开展消防安全专项治理，市、区两级挂牌督办，攻坚消除一批重大火灾隐患。"

例2：竞争、垄断，一个是市场经济的天敌，一个是市场经济的灵魂。

按照这个句子语言顺序理解，它表达的是，竞争是市场经济的天敌，垄断是市场经济的灵魂。显然说颠倒了。一种改法，将"竞争"与"垄断"的位置对调，即"垄断、竞争，一个是市场经济的天敌，一个是市场经济的灵魂"。另一种改法，将"天敌"与"灵魂"的位置对调，即"竞争、垄断，一个是市场经济的灵魂，一个是市场经济的天敌"。

例3：我国棉花的生产，过去长期不能自给。如今我国棉花的供应，已经自给有余。

这句中，"棉花的生产"怎么能说不能"自给"，应说"生产的棉花"不能"自给"才对。否则，这就是语序不当。这句应改为："我国生产的棉花，过去长期不能自给。如今我国棉花的供应，已经自给有余。"

二、搭配不当

例1：领导同志听取了关于××地区建立特别机制和特殊政策情况的汇报。

机制可以建立，但政策不能建立。这句可以改为："领导同志听取了关于××地区建立特别机制和实行特殊政策情况的汇报。"

例2：我们热忱欢迎××国际组织在本市设立办事机构，并为其承担办公用房及开办经费。

承担开办经费可以，承担办公用房不确切；办公用房最好是提供。这句可以改为："我们热忱欢迎××国际组织在本市设立办事机构，并提供办公用房和承担开办经费。"

例3：本市住房保障重大民生问题今后五年将进一步推进。

这句中，推进工作可以，推进问题就说不通，解决问题倒是可以。这句可以改为："本市住房保障重大民生工作今后五年将进一步推进。"或者改为："本市住房保障重大民生问题今后五年将进一步推进解决。"

例4：要集中力量，加快推进国际足联俱乐部世界杯××体育场应急改造、××足球场等建设项目。

这句中，推进"应急改造"可以，推进"建设项目"不行，否则就是搭配不当。这句可以改为："要集中力量，加快推进国际足联俱乐部世界杯××体育场应急改造、××足球场等项目建设。"

例5：下决心在两到三年内，解决专职人民武装干部普遍存在的年龄偏大、文化偏低、军事素质弱的现状。

这里，解决现状说不通，应是解决问题，或是改变现状。这句可以改为："下决心在两到三年内，解决专职人民武装干部普遍存在的年龄偏大、文化偏低、军事素质弱的问题。"

例6：参保人员中享受本市城镇居民最低生活保障的家庭成

员，门急诊和住院起付标准可以适当补助；参保人员中的城镇重残人员，门急诊和住院起付标准予以全额补贴。

这句中，前面一个分句提出对起付标准可以适当补助，后面一个分句是对起付标准予以全额补贴。标准如何补助、补贴？显属搭配不当。从字面上分析，"门急诊和住院起付标准"可能是指超过起付标准的部分，如果是这样，这句可以改为："参保人员中享受本市城镇居民最低生活保障的家庭成员，其超过其门急诊和住院起付标准的部分可以给予适当补助；参保人员中的城镇重残人员，其超过其门急诊和住院起付标准的予以全额补贴。"

例7：参加住院医师规范化培训合格并到社区卫生服务中心工作的全科医生，可直接参加卫生专业中级技术资格考试，考试通过的，可直接享受中级职称。

这句中，"享受中级职称"搭配不当，应改为"聘任中级职称"或者"评定中级职称"。

三、用词不当

例1：经××市审计核实的××学校的有关债权债务，由××市负责清欠。

债权债务不可能被"清欠"，这里，"清欠"应改为"清理"。

例2：市建设交通部门应当根据市场需求和城市交通条件，

会同市发展改革部门、市公安部门制定每年的新增运力计划，报市政府批准后实施。

这里，"制定"应改为"制订"。"制定"表明已经确定，那就不存在报批的问题。既然要报批，说明还没确定，用"制订"为妥，表明还未确定。

例3：××区××办一《通知》中提出："市××办《关于做好副食品市场供应工作的意见》已批转给你们，请认真贯彻执行，并在三个月内反馈有关情况。"

下级转发上级的文件，只能用"转发"，不能用"批转"；上级转发下级的文件，才用"批转"。

这句应改为："市××办《关于做好副食品市场供应工作的意见》已转发给你们，请认真贯彻执行，并在三个月内反馈有关情况。"

例4：对禽流感的爆发，各有关部门和单位要十分重视，采取一系列有效应对措施。

一般来说，力量、情绪等或事变突然发生，用"爆发"。对毛病、灾害等的突然发生，用"暴发"。

这句应改为："对禽流感的暴发，各有关部门和单位要十分重视，采取一系列有效应对措施。"

例5：我市十分重视旧区改造工作，始终将旧区改造与"调结构、促发展、惠民生"相联系，积极解决市民群众的住房困难。

这里，"始终"这个词用得不好，"始终"是从开始到最后的意思，现在还没到最后，宜将"始终"改为"一直"。

这句可以改为："我市十分重视旧区改造工作，一直将旧区改造与'调结构、促发展、惠民生'相联系，积极解决市民群众的住房困难。"

例6：要根据工作重点，开展专项督查，发现问题，全面推进。

这句中，"发现问题，全面推进"的表述有点莫名其妙，问题如何推进？"全面推进"应改为"及时处理"或者"及时解决"。

例7：这位外国人积极推动其所在国企业参展中国进口博览会，为展后中外双方进一步的接洽商谈起了推波助澜的作用。

"推波助澜"是个贬义词，用在这里很不合适，可以改为"很大"或者"重要"。

四、残缺

例1：有关部门和单位要深入研究并推进轨道交通5号线工程环评、轨道交通14号线与东西通道结合建设的设计方案、××车辆段试车线方案以及××东站改造方案等工作。

这句中，"设计方案""试车线方案""改造方案"后都缺少"制订"，语意上说不通。否则，成了"研究并推进……方案"。

这句可以改为："有关部门和单位要深入研究并推进轨道交通5号线工程环评、轨道交通14号线与东西通道结合建设的设计方案的制订、××车辆段试车线方案的制订以及××东站改造方案的制订等工作。"

例2：对一些与群众生活工作关系密切的服务窗口，实行全年无休或6天工作制。

这句"6天"前缺了"每周"二字。否则，读者就会认为，这样的服务窗口可能实行全年6天工作制。

这句应改为："对一些与群众生活工作关系密切的服务窗口，实行全年无休或每周6天工作制。"

例3：本合作协议自法定代表或授权代表签字并加盖公章之日起实施。

合作协议的签署，一般是双方的行为（个别也有是多方的行为）。这句中，"法定代表或授权代表"前，漏了"双方"二字。否则，不知"法定代表或授权代表"是指单方还是双方，甚至还可以误解为第三方。

这句应改为："本合作协议自双方法定代表或授权代表签字并加盖公章之日起实施。"

例4：对未依法公布突发事件、履行应急联动处置职责、违反程序进行应急征用等行为，要依法对相关责任人进行处分。

这句中，"履行应急联动处置职责"前，缺了"未"字。否则，读者会百思不解，对"履行应急联动处置职责"者怎么还要进行处分？

这句应改为："对未依法公布突发事件、未履行应急联动处置职责、违反程序进行应急征用等行为，要依法对相关责任人进行处分。"

例5：要加强户外广告的整治，使本市户外广告的设置率达到90%。

这句中，"设置率"前面漏了"规范"二字。否则，给人一种错觉，该市的广告绝大部分在户外设置。此外，户外广告设置率达到90%，也不是整治要取得的成果。

这句可以改为："要加强户外广告的整治，使本市户外广告的规范设置率达到90%。"

例6：公共租赁住房出租单位应加强对违规违约的技术管控，强化人脸、指纹、身份证识别等可作唯一性识别的智能门禁。

这句中，"违规违约"后面，漏掉"行为"二字；在"智能门禁"后面，漏掉"应用"二字。

这句可以改为："公共租赁住房出租单位应加强对违规违约

行为的技术管控，强化人脸、指纹、身份证识别等可作唯一性识别的智能门禁应用。"或者改为："公共租赁住房出租单位应加强对违规违约行为的技术管控，强化应用人脸、指纹、身份证识别等可作唯一性识别的智能门禁。"

例7：近年来，由于受到经济下行压力、就业等不确定不稳定因素叠加影响，本地区发展面临着很大的挑战。

这句中，所指的不确定不稳定因素包括"经济下行压力"和"就业"，"经济下行压力"作为不确定不稳定因素是成立的，但"就业"怎么能成为不确定不稳定因素？应该是"就业困难增多"。

这句可以改为："近年来，由于受到经济下行压力、就业困难增多等不确定不稳定因素叠加影响，本地区发展面临着很大的挑战。"

例8：青年科技杰出贡献奖每年评审一次，每次授予人数不超过10名，奖金50万元。

这句从字面上看，好像每年青年科技杰出贡献奖金总数为50万元，其实要表达的是每人奖金50万元，这里漏掉了"每人"二字。

这句应改为："青年科技杰出贡献奖每年评审一次，每次授予人数不超过10名，每人奖金50万元。"

例9：要对快递从业人员在房屋租住、子女入学等方面的困难给予关注支持，创新探索适应快递从业人员需求的劳动保障和社会保险制度。

对"困难"给予关注是可以的，但怎么能说给予支持？应该是对解决"困难"给予关注和支持，这里缺少"解决"二字。

这句可以改为："要对解决快递从业人员在房屋租住、子女入学等方面的困难给予关注和支持，创新探索适应快递从业人员需求的劳动保障和社会保险制度。"

例10：在本地各类人才计划中，要适当增加公共卫生人才支持资助比例，特别是教育、科技、卫生等领域人才计划，在同等条件下对公共卫生人才实行优先支持政策。

这句读起来很不顺畅，缺少语素，需要增加。

这句可以改为："在本地各类人才计划中，要适当增加公共卫生人才支持资助比例。特别是在教育、科技、卫生等领域的人才计划中，同等条件下，要体现对公共卫生人才实行优先支持政策。"

例11：要分层次、分区域、分行业持续推进安全生产专项整治三年行动计划和方案。

这句中，"三年行动计划和方案"如何"推进"？应该是推进实施"三年行动计划和方案"。这里，"实施"不可缺少。

这句可以改为："要分层次、分区域、分行业持续推进实施安全生产专项整治三年行动计划和方案。"

例12：各单位要加强对突发事件信息发布和舆情处置的效果评估，并报上级部门。

这句中，"并报送上级部门"的是什么？应该是效果评估结果，这里不能遗漏。

这句可以改为："各单位要加强对突发事件信息发布和舆情处置的效果评估，并将效果评估结果报上级部门。"

例13：可探索对于部分市场违法违规经营行为免于处罚，为企业发展提供更加宽容的制度环境。

这句是讲"对于部分市场违法违规经营行为免于处罚"，但"部分市场违法违规经营行为"的范围过大，显然，这里缺少了"部分市场违法违规经营行为"的限定词。

这句可以改为："可探索对于部分轻微的、非故意的市场违法违规经营行为免于处罚，为企业发展提供更加宽容的制度环境。"

例14：本市推行"发给医药费备用金，门诊少量付费"的办法，1988年1月1日实施。

从字面上看，好像本市实施这个办法只有1天，即1988年1月1日。实际上，该办法应是自1988年1月1日起实施。这里，漏了

"自"和"起"。当然，不加"自"也可以，但"起"不能漏。

例15：这次出台的深化改革开放政策措施，涉及范围之广、力度之大、含金量之高。

"之"字有个用法，就是取消主谓句式独立性。就是说原来是主谓句式，可以独立的，因为加了"之"，就不能独立了，后面必须加一句才完整。这句中所用的三个"之"，都是这种用法。因为有"之"，这句末尾的句号应该改成逗号，再在后面补一句。或者，将三个"之"删去，使整个句子成为独立的主谓句式。

这句可以改为："这次出台的深化改革开放政策措施，涉及范围之广、力度之大、含金量之高，是过去所没有的。"或者改为："这次出台的深化改革开放政策措施，涉及范围广、力度大、含金量高。"

五、多余

例1：有关部门要做好年度覆盖计划下达、信息汇总、验收指导、服务质量监督等统筹协调工作。

这句中，"统筹协调"属多余，应删去。否则，难以概括前面的"年度覆盖计划下达"等几项工作。

例2：一旦发生特别重大和重点建设工程事故，市政府根据市建设管理部门的建议和应急处理需要，视情成立市建设工程事故应急处置指挥部。

这句中，"视情"属多余，应删去。

例3：拟定于今年8月8日在本局机关举行签约仪式，请贵单位领导届时出席。

这句中，"定"属多余，应删去。

例4：实施上述政策后，原对义务教育阶段家庭经济困难学生实施生活补助费政策同时停止执行。

这句中，"同时"属多余，应删去。

例5：针对目前本地医疗废物的管理现状，有关部门要采取相应措施。

这句中，"目前"属多余，应删去。或者将"现状"改为"状况"。

例6：这项工作必须在今年三月底前后完成。

这句中，"后"属多余，应删去。

例7：2011年是我市"十二五"规划的开局之年。

这句中，"我市"属多余，应删去。因为，2011年对全国各地来说，都是"十二五"规划开局之年。

例8：领导同志视察××学校后，与学生一道共进午餐。

"一道"与"共"是同一个意思。或者删去"一道"，或者删去"共"。

例9：参加这次系列讲座的累计共1.6万多人次。

这句中，"累计"和"共"是同一个意思，或者删去"累计"，或者删去"共"。

例10：截至到今年上半年，本市已有公共图书馆273个、文化馆245个。

这句中，"截至"和"到"是同一个意思，或者删去"截至"，或者删去"到"。

例11：对此项工作，市政府已专门召开专题会议进行过部署。

这句中，"专门"与"专题"重复。或者去掉"专门"，或者去掉"专题"。"过"也属多余，应删去。

例12：落实上级文件精神，要制定具体的、可操作的实施细则。

这句中，既然是"细则"，那肯定是"具体的"，"细则"前不应出现"具体的"这一定语。或者删去"具体的"，或者将"细则"改为"办法"。

例13：领导小组成立后，经过一段时间运行，必要时，可以根据需要吸收其他部门和单位参加。

这里，"必要时"与"可以根据需要"是同一个意思，或者删去"必要时"，或者删去"可以根据需要"。

例14：目前，各区县质量安全监督人员力量增加了150个。

这句中，"力量"属多余，应删去。

例15：市政府再三重申，要加强管理，确保食品安全。

这句中，"再三"属多余，应删去。

例16：要有效防止公共卫生事件在学校内发生和流行。

这句中，"流行"属多余，"和"也相应删去。

这句应改为："要有效防止公共卫生事件在学校内发生。"

例17：由市民政部门会同市市场管理部门共同开展《团体标准管理规定》的宣传、培训工作。

这句中，"会同"与"共同"意思差不多，应删去一个。

这句可以改为："由市民政部门会同市市场管理部门开展《团体标准管理规定》的宣传、培训工作。"也可以改为："由市民政部门、市市场管理部门共同开展《团体标准管理规定》的宣传、培训工作。"

例18：要深刻吸取安全生产事故血的经验教训，防止类似事故再次发生。

既然发生了安全生产事故，就无经验可谈，只有教训。还有，不存在"血的经验教训"这一说法。这句中，应删去"经验"二字。

例19：要敦促从事烟花爆竹非法活动的人员主动向公安机关自首。

"自首"是指犯法的人向司法机关和有关部门检举自己，不存在主动或者被动的问题。这句中，"主动"二字多余，应删去。

例20：参加这次摄影展，要求提供的照片至少在8寸以上。

这里，"至少8寸"是底限，如果加上"以上"，就突破了底限，设置这道底限就没有意义。故"以上"属多余，连同前面的"在"都应删去。

例21：为了规范本市建设工程监理活动，根据《中华人民共和国建筑法》《××市建筑市场管理条例》等法律、法规，结合本市实际，制定本办法。（注：××市即本市）

这句中，由于已经列举了《××市建筑市场管理条例》，再提出"结合本市实际"，显得多余，应删去。

例22：该单位之所以发生这起事故，主要原因是缺乏严格的安全生产管理。

这句中的"之所以"，是一个常见词语。它主要用于因果复句，前一句引出结果，后一句阐述原因。例句中的"主要原因"，是没有必要出现的，应删去。或者删去上半句中的"之所以"。

这句可以改为："该单位之所以发生这起事故，是缺乏严格的安全生产管理。"或者改为："该单位发生这起事故，主要原因是缺乏严格的安全生产管理。"

例23：这样做，目的是为了改善人民群众的生活，增进人民群众的福祉。

这里，有了"目的是"，就不需要加上"为了"，否则，显得重复。可以将"目的是"改为"旨在"，或者删去"为了"。

这句可以改为："这样做，旨在改善人民群众的生活，增进人民群众的福祉。"或者改为："这样做，目的是改善人民群众的生活，增进人民群众的福祉。"

例24：对留守儿童中的困境儿童，要结合本地困境儿童保障体制机制，统筹安排落实困境儿童关爱保护政策措施。

在"统筹安排落实困境儿童关爱保护政策措施"中，"困境儿童"显得多余，可以删去。

此句可以改为："对留守儿童中的困境儿童，要结合本地困境儿童保障体制机制，统筹安排落实关爱保护政策措施。"

例25：要在巩固旧区改造成果的同时，积极创新旧区改造新模式。

这句中，"积极创新"已经含有"新"的意思，再来搭配"新模式"，"新模式"中的"新"就显得多余，应删去。

这句可以改为："要在巩固旧区改造成果的同时，积极创新旧区改造的模式。"或者改为："要在巩固旧区改造成果的同时，积极创造旧区改造的新模式。"

例26：积极稳妥推进户籍制度改革，建立完善居住证制度，需要遵循城镇化发展的规律，积极稳妥、有序推进。

这句中，"积极稳妥"出现了两次，第一个"积极稳妥"属多余，应删去。"推进"也出现了两次，第二个推进可以改为"进行"。

这句改为："推进户籍制度改革，建立完善居住证制度，需要遵循城镇化发展的规律，积极稳妥、有序进行。"

例27：市民服务热线统一负责受理有关平台相关咨询、建议和投诉，按照有关规定办理咨询、建议和投诉。

这句中，前面已经说"统一负责受理……相关咨询、建议和投诉"，其中"受理"就是"接受、办理"之意，后面再说"办理咨询、建议和投诉"，显得多余。

这句可以改为："市民服务热线按照有关规定，统一负责受理有关平台相关咨询、建议和投诉。"

例28：本市在国家重大科技基础设施落地方面，给予土地、配套资金等方面的支持。

这句中，出现了两个"方面"，第二个"方面"属多余，应删去。

例29：要抓紧编制完成项目整体概念规划，争取在两个月内完成。

这句中，出现了两个"完成"，第一个"完成"属多余，应删去。

例30：任何单位和个人不得在地下空间进行下列行为：

（一）不得储存易燃易爆、有毒有害等危险物品；

（二）不得设置托儿所、幼儿园、养老院；

（三）不得拉接临时电线。

这句中，上面已指出"不得"，下面（一）（二）（三）中的"不得"均属多余，应删去。

例31：有关方面将支持、指导上海若干个区创建全国综合性劳动教育示范区，以形成可复制、可推广的经验。

这句"若干个区"中，多了"个"。"若干"有一种解释，是指不定量，表示几个或者几十个，后面不带量词。如"若干意见、若干单位、若干项目、若干人"，不写成"若干个意见、若干个单位、若干个项目、若干个人"。故"若干个区"应改为"若干区"。

例32：本系统将组织开展2019年3月至2020年3月以来落实公共卫生管理方面文件情况的专项督导，以推进有关工作深入开展。

这句中，"2019年3月至2020年3月"是一个时间段，后面再加上"以来"，好像这个时间段还在延伸。其实，专项督导的时间段就是"2019年3月至2020年3月"，而"以来"属多余，应删去。

六、内容或者词语重复

例1：在一加强乡镇集体资产监管的《意见》代拟稿中，前面提出，"各有关部门、单位要充分认识加强乡镇集体资产监管的重要性、紧迫性和必要性，尽快理顺乡镇集体资产体制机制，强化监管措施，加强队伍建设，努力提高乡镇集体资产监管的水平"。接着，后面提出，将采取四项措施，并用小标题列出：一、理顺乡镇集体资产体制。二、完善乡镇集体资产机制。三、健全乡镇集体资产监管制度。四、加强乡镇集体资产监管队伍建设。

既然后面已经提出采取这些措施，前面就没有必要先说，否则，就显得重复。前面这句可以改为："各有关部门、单位要充分认识加强乡镇集体资产监管的重要性、紧迫性和必要性，进一步加强乡镇集体资产监管，不断提高乡镇集体资产监管的水平。"后面再列出四项措施。

例2：在这次抢险救灾中，广大官兵身先士卒，勇挑重担。

"官兵"由军官和士兵组成。士卒就是士兵，说军官身先士卒可以，士兵身先士卒就说不通。

这句可以改为："在这次抢险救灾中，广大官兵冲锋在前，勇挑重担。"

例3：搞好就业、再就业，这是一件事关全局的大事。

这句中，出现了两个"事"，明显重复，可以将"事关"改为"关系"。

例4：过去一些曾经行之有效的管理方法和手段，如今已不太适用。

这句中，"过去"与"曾经"词语重复，或者删去"过去"，或者删去"曾经"。

例5：对成长性突出、市场影响力较大的领军企业，本市给予这样的领军企业一定的政策支持。

这句中，"这样的领军企业"，属同语重复。

这句可以改为："对成长性突出、市场影响力较大的领军企业，本市给予一定的政策支持。"

例6：本市基本形成了一套具有本地特色且行之有效的烟花爆竹安全管理模式，取得了较好成效。

这句中，"行之有效"与"较好成效"属同语重复，应将"且行之有效"删去。

例7：面向农民的行政事业性收费，必须严格按照法律、法规和国务院有关规定收取。

这里，"收费"与"收取"属同语重复。

这句可以改为："面向农民的行政事业性收费，必须严格执行法律、法规和国务院有关规定。"

例8：要建立政府依法监管、权责关系明确、上下运转通畅的邮政管理体制，从而为维护邮政通信与信息安全，保障邮政普遍服务，促进邮政业更好发展提供保障。

这句"为维护邮政通信与信息安全，保障邮政普遍服务，促进邮政业更好发展提供保障"中，出现了两个"保障"，属同语重复。可以将前一个"保障"改为"加强"。

这句改为："要建立政府依法监管、权责关系明确、上下运转通畅的邮政管理体制，从而为维护邮政通信与信息安全，加强邮政普遍服务，促进邮政业更好发展提供保障。"

例9：除局级机关及其授权的单位外，其他机关、单位未经授权，无权确定机密级、秘密级国家秘密事项。

这句中，"未经授权"与"无权"同语重复。

这句可以改为："除局级机关及其授权的单位外，其他机关、单位未经授权，不得确定机密级、秘密级国家秘密事项。"

例10：市领导多次召开专题会议，听取汇报、明确要求、做出部署，要求相关部门密切跟踪市场动态，按照"一城一策"工作方案的要求，加强分析研判，研究政策工具，及时出台调控政策，保持市场平稳。

这句中，有"明确要求""要求相关部门……""按照……工作方案的要求"的提法，共出现3个"要求"，有点重复，删掉两个"要求"并不影响表述。

这句可以改为："市领导多次召开专题会议，听取汇报、做出部署，要求相关部门密切跟踪市场动态，按照'一城一策'工作方案，加强分析研判，研究政策工具，及时出台调控政策，保持市场平稳。"

第五节　修辞方面

修辞是语言的表现形式。它运用各种表现方式，使语言表达得准确、鲜明、生动、有力。常用的修辞手法，有比喻、夸张、反复、排比、对仗、递进等六种。文学作品可以较多使用修辞手法，而公文不同于文学作品，语言比较平实、简朴，较少使用修辞手法。若用，一般可以用排比、对仗、递进。否则，用得不好，就失去了庄重性。

试举几个修辞方面差错的例子：

例1：最近一段时间以来，本地牛奶市场出现混乱现象。一些牛奶和奶制品企业纷纷降价销售，低价竞争。这里虽然看不见刀光剑影，听不到炮声隆隆，但一场价格大战正在激烈地进行。

这段中，"看不见刀光剑影，听不到炮声隆隆"为比喻，不宜使用。

这句可以改为："最近一段时间以来，本地牛奶市场出现混乱现象。一些牛奶和奶制品生产企业纷纷降价销售，低价竞争，破坏了市场的正常秩序。"

例2：某建筑工地发生重大安全事故后，有关部门和单位领导纷纷赶赴现场查看情况，个个愁眉不展。"问君能有几多愁，恰似一江春水向东流。"有的一夜愁白了头。尽管这样，大家还是在迅速地组织开展处置工作。

这段中，"问君能有几多愁，恰似一江春水向东流"是引用，也是比喻，用得不是地方。还有，"一夜愁白了头"是夸张，也不合适。

这句可以改为："某建筑工地发生重大安全事故后，有关部门和单位领导纷纷赶赴现场，查看情况，迅速组织开展处置工作。"

例3：春风轻抚，春水荡漾，春光明媚，现在正是踏青赏花的大好时机，人们会纷纷走出家门，外出旅游。为了确保出游安全和顺利，现就做好加强疫情防控和方便群众出行工作作如下通知：……

这句中，"春风轻抚，春水荡漾，春光明媚"等修饰性词语可以删去，其他表述还需要简洁些。

这句可以改为："春季是踏青赏花、外出旅游的高峰季节。为了确保出游安全和顺利，现就做好加强疫情防控和方便群众出行工作作如下通知：……"

例4：出席这次会议的还有两位同志，一位是市劳动监察大队的，另一位还是市劳动监察大队的。

这句中，"一位是市劳动监察大队的，另一位还是市劳动监察大队的"，这样的表述使用了反复手法，根本没有必要，有点故弄玄虚。

这句可以改为："出席这次会议的还有两位同志，都来自市劳动监察大队。"

第六节　逻辑方面

逻辑是指思维的形式及其规律。形式逻辑有三个要素：概念、判断、推理。它要求概念准确，判断正确，推理合理。同时，形式逻辑有"三律"：一是同一律，即前后概念要一致；二是矛盾律，即前后提法不矛盾；三是排中律，即要排除在矛盾之间居中选择。这些，在公文写作中要十分注意。

试举几组逻辑方面差错的例子。

一、概念不准确

例1：我们要办好新年至元宵各类重要文化活动，丰富群众的精神生活。

这里的"新年"，作者的本意应指"春节"，但也可以使人理解为新的一年，指的是全年。应将"新年"改为"春节"。

例2：要善于化解群众合理诉求信访矛盾。

这里，既然是"群众合理诉求信访"，那就不应存在"矛盾"。

这句可以改为："要善于化解信访矛盾，解决群众合理诉求。"

例3：有关部门对回国留学人员的科研经费，要优先予以落实。

这里，"回国留学人员"的概念不准确，给读者的感觉是，回到国内来留学的人员，其实是指在国外留学后回到国内的人员。"回国留学人员"应为"留学回国人员"。

这句可以改为："有关部门对留学回国人员的科研经费，要优先予以落实。"

例4：凡是参军入伍的退役士兵，应予保留劳动关系，退役后继续履行劳动合同。

这里，"参军入伍的退役士兵"这一概念使人摸不着头脑，应改为，"从单位入伍的退役士兵"，这样才能与后面的表述相匹配。

例5：公安、检察院、法院等司法机关应依法积极介入打击经济犯罪活动，保证经济秩序的整治力度。

这句中，"公安"为行政机关，不属司法机关。司法机关只有检察院和法院。

这句可以改为："公安、检察院、法院等行政机关和司法机关应依法积极介入打击经济犯罪活动，保证经济秩序的整治力度。"

二、表达不确切

例1：近年来，××市新进公务员初任培训内容作了调整，增加了心理健康、礼仪接待、音乐欣赏等课程，不再是简单的公文写作。

这句中，将"公文写作"认定为"简单"，这是不符合实际的。写好公文其实很不容易，不是简单的事。

这句可以改为："近年来，××市新进公务员初任培训内容作了调整，除了公文写作等课程外，还增加了心理健康、礼仪接待、音乐欣赏等课程。"

例2：在巡视组巡视期间，本单位要严格遵守中央八项规定精神以及财经纪律，一律不得利用公款请客送礼、旅游消费、滥发福利。

任何一个单位无论何时何地，都要严格遵守中央八项规定精神以及财经纪律，一律不得利用公款请客送礼、旅游消费、滥发福利。这句意思却是，"在巡视组巡视期间"要遵守规定和纪律，不得违反。言下之意，巡视组结束巡视后，就可以不遵守规定和纪律，这样的表达很不准确。这句中，应将"在巡视组巡视期间，"删去。

例3：为了推进农民相对集中居住工作的开展，有关部门要积极协商配套单位明确农民相对集中居住区配套工程收费支持措施。

这句中，本来要表达的意思是，对农民相对集中居住区配套工程收费给予优惠，以支持农民相对集中居住。但是这样写，意思却成了对农民相对集中居住区配套工程予以收费支持，这就违背了本意。因此，"有关部门要积极协商配套单位明确农民相对集中居住区配套工程收费支持措施"应改为"有关部门要积极协商配套单位明确农民相对集中居住区配套工程收费优惠措施"。

例4：为提高城市治理科学化、精细化、智能化水平，有关部门正全力推进本市数据条例立法工作。

这句中，"推进数据条例立法工作"的表达有问题，没有"……条例立法"这种说法。或者是"制定条例"，或者是"开展立法"。"有关部门正全力推进本市数据条例立法工作"可以改为"有关部门正全力推进本市数据管理立法工作"，也可以改为"有关部门正全力推进本市数据管理条例草案制订工作"。

三、单个概念和集合概念并列使用

例1：本市饭店、宾馆、医院、学校、机关和企事业单位等集体用餐单位应优先从信誉良好、无安全质量不良记录的农产品经营企业采购食用农产品。

饭店、宾馆、医院、学校、机关为单个概念，企事业单位为集合概念，它包括饭店、宾馆、医院、学校，两者不能并列使用。这句中，应在"企事业单位"前面加上"其他"二字，即改为："本市饭店、宾馆、医院、学校、机关和其他企事业单位等集体用餐单位应优先……"

例2：为了节约办公经费，各单位要减少复印纸、墨盒和办公用品的使用。

复印纸、墨盒为单个概念，办公用品为集合概念，它包括复印纸、墨盒，两者同样不能并列使用。这句中，应将"和"改为"等"。

四、表述不清楚

例1：2011年之前，本市要完成区（县）域义务植树、绿化造林的检查验收工作。

这里，"2011年之前"是一个时间段。到底是在2011年底之前，还是2010年底之前，读者不得其解。

这句可以改为："2010年底之前，本市要完成区（县）域义务植树、绿化造林的检查验收工作。"也可以改为："2011年底之前，本市要完成区（县）域义务植树、绿化造林的检查验收工作。"

例2：自2004年××市与××省建立长期稳定的粮食产销合作关系以来，到目前为止，两地粮食购销数量已达700多万吨，为××省粮食生产发展和××市粮食市场稳定作出了积极贡献。

这句中，谁"作出了积极贡献"？表述不清。从字面上看，好像是购销的粮食作出了积极贡献，这不符合情理。

这句可以改为："自2004年××市与××省建立长期稳定

的粮食产销合作关系以来，到目前为止，两地粮食购销数量已达700多万吨，促进了××省粮食生产发展和××市粮食市场稳定。"

例3：前不久，本市有关部门、区县和试点街道赴北京学习考察，重点从组织架构建设、工作机制设计、设施设备改造、物流组织、宣传发动等角度深入进行了经验交流。

这句话，看不出本市有关部门、区县和试点街道赴北京学习考察了什么，倒是成了双方从几个角度进行了交流。

这句可以改为："前不久，本市有关部门、区县和试点街道赴北京学习考察，重点学习了北京在组织架构建设、工作机制设计、设施设备改造、物流组织、宣传发动等方面的经验。"

例4：公共机构在计划实施节能技改项目或者建筑维修项目时，对符合合同能源管理实施条件的项目，应填写合同能源管理项目申报表，将相关项目信息报送本级公共机构节能主管部门。

这句中，"填写合同能源管理项目申报表"的目的是什么，没有交代，从字面分析，填写的目的也是"报送本级公共机构节能主管部门"。

这句可以改为："公共机构在计划实施节能技改项目或者建筑维修项目时，对符合合同能源管理实施条件的项目，应填写合同能源管理项目申报表，连同相关项目信息报送本级公共机构节能主管部门。"

例5：本地今年已有4个项目批复立项，即将施工，还有5个项目正在审批中，预计后年上半年建成投产。

这句中，预计后年上半年建成投产的项目到底是哪些，缺乏交代。有可能是前4个项目，有可能是后5个项目，也有可能是9个项目，让人猜测。其本意是，所有项目均在后年上半年建成投产。

这句应改为："本地今年已有4个项目批复立项，即将施工，还有5个项目正在审批中，预计9个项目后年上半年均可建成投产。"

五、前后矛盾

例1：今年底前，各区县要全部完成滩涂、水域、水产养殖证的发证登记工作，发证登记率要达到95%以上。

这句中，前面说"要全部完成"，后面却说"发证登记率要达到95%以上"，出现矛盾。

这句可以改为："今年底前，各区县要全部完成滩涂、水域、水产养殖证的发证登记工作，发证登记率要达到100%。"

例2：这笔贷款，今年要一次性发放到位，可分别在7月、8月发放。

这句中，贷款既然一次性到位，又何来分两次发放？

这句可以改为："这笔贷款，今年要一次性到位。"或者改为："这笔贷款，今年8月要一次性到位。"

例3：这个厂安全生产工作一贯做得很好，就是去年曾发生一起火灾事故。

既然"安全生产工作一贯做得很好"，那就不会"去年发生一起火灾事故"。

这句可以改为："这个厂安全生产工作总体做得还可以，但也存在问题，如去年曾发生一起火灾事故。"

第七节　文字方面

文字是记录语言的符号，必须规范使用，才能准确表达作者的意图。有时错一个字，就让人读不懂，甚至意思大相径庭，闹出笑话。俗话说得好，"差之毫厘，失之千里"。

试举几个文字方面差错的例子。

例1：以上如无不妥，请指正。

这句话令人不解，既然没有不妥当的地方，何来要求对方指正？这里的"无"应为"有"。

这句应改为："以上如有不妥，请指正。"

例2：此方案起草后，要先充分听取各位付局长的意见，最后提请局长办公会议审议。（注：这里的"付"不是姓氏，而是"副职"的意思）

这句中，"付"应改为"副"。"副"的一种解释为第二位的、辅助的，区别于"正"或"主"。而"付"的一种解释为交给、支付。

例3：衷心祝愿这项活动取得园满成功。

这里，"园"应改为"圆"。"圆"的一种解释为圆满、周全，"园"可以解释为种植蔬菜、花果、树木或供人游览娱乐的地方。

这句应改为："衷心祝愿这项活动取得圆满成功。"

例4：鉴于这项活动需要一定的投入，有关方面要通过多种渠道，积极筹集金费。

"经费"绝不能写成"金费"。这里，"金"应改为"经"。

例5：我们要再接再励，不断前进，争取更大的成绩。

这里的"励"应为"厉"。"励"是鼓励的意思，这里的"厉"同"砺"，是磨砺的意思，引申为"努力"。"再接再厉"的意思是，一次比一次更努力。

这句应改为："我们要再接再厉，不断前进，争取更大的成绩。"

例6：本协议一式两份，双方各执一份，自签定之日起生效。

没有"签定"这个词，只有"签订"。"签订"是指订立条约或合同并签字。

这句应改为："本协议一式两份，双方各执一份，自签订之日起生效。"

例7：市、区县二级政府将增加投入，搞好重大民生项目建设。

　　这里的"二"应改为"两"。一般来说，"二"是序数词，表示第二。"两"是基数词，表示两个。原句这样表达，容易使读者误认为市和区县政府都是第二级政府。

　　例8：为打造更加开放的国际门户，要对标世界最高标准、最大程序提升对内对外辐射能力。

　　这句中，"最大程序提升对内对外辐射能力"说不通。"最大程序"应为"最大程度"之误，即"序"应改为"度"。

　　例9：在上级的领导和兄弟单位的支持下，我们平稳有序的完成了全年各项任务。

　　这句中，"平稳有序"是状语，其后的"的"应用"地"，"地"通常是状语的标志，故"我们平稳有序的完成了全年各项任务"应改为"我们平稳有序地完成了全年各项任务"。

　　例10：各区要加强辖区临时接种点设置和服务能力储备，至少建立一只可支撑30个接种单元有序运行的机动接种队伍。

　　这句中，"一只……队伍"中的量词"只"是别字，应是"支"，即"一支……队伍"。

　　例11：自去年3月以来，截止今年10月底，全市已经开展3次专题安全大检查，查出并消除了一批安全隐患。

这句中，"截止"中的"止"，应为"至"。"截止"是指到一定期限停止，后面不带宾语；"截至"是指截止到某个时刻，后面带宾语。"截止今年10月底"应改为"截至今年10月底"。

例12：支委会提出开展"我为支部建设献一计"活动的倡议，得到了党员同志的积极相应。

这句中，"相应"应是"响应"，故"相"应改为"响"。

例13：各单位要进一步统一思想，提高认识，准备把握文件精神，把各项要求落到实处。

这句中，"准备把握文件精神"说不通，应是"准确把握文件精神"，故"备"应改为"确"。

第八节 常识方面

常识是指事物的一般规律及其自然状态。表述时，应尊重常识，符合常识。

试举几个常识方面差错的例子。

例1：上海位于长江和太湖流域下游。

长江作为大河，有上游、中游、下游；而太湖作为湖泊，其流域不存在上游、中游和下游。

这句可以改为："上海位于长江下游和太湖流域。"

例2：这项工作必须在今年2月30日之前完成。

2月通常只有28天，遇到闰年，才在2月末加一天，为29天，阳历四年一闰，但2月绝无30日。

这句可以改为："这项工作必须在今年2月底之前完成。"

例3：××区政府设置的工作部门，包括：区人力资源和社会保障局（挂区公务员局、区医疗保险办公室牌子）、区卫生局、区民政局……

这里，括号内表述的是"挂区公务员局、区医疗保险办公室牌子"，使读者感到，区人力资源和社会保障局本身没有牌子，挂的是区公务员局、区医疗保险办公室牌子。而事实是，区人力资源和社会保障局既挂自己的牌子，又挂区公务员局、区医疗保险办公室的牌子。

这句可以改为："××区政府设置的工作部门，包括：区人力资源和社会保障局（增挂区公务员局、区医疗保险办公室牌子）、区卫生局、区民政局……"

例4：这个单位领导班子成员的平均文化程度为大学本科。

年龄可以平均，文化程度不可能平均。

这句可以改为："这个单位领导班子成员中，最低文化程度为大专。"或者改为："这个单位领导班子成员中，最低文化程度为大学本科。"

例5：举办上海世博会是一项全新的事业，没有现成的经验可以借鉴。

在上海世博会举办之前，世界上已经举办了四十届世博会，可以说，积累了很多的经验，而这里说没有现成的经验可以借鉴，是不符合实际的。

这句可以改为："举办上海世博会是一项全新的事业，在国内还没有现成的经验可以借鉴。"

例6：中华人民共和国成立以来，本市计划生育工作有了很大的发展。

中华人民共和国成立于1949年，开展计划生育工作，从20世纪70年代开始，70年代以前尚未开展这项工作。

这句可以改为："上世纪70年代以来，本市计划生育工作有了很大的发展。"

例7：1978年以来，特别是改革开放以来，我国经济社会快速发展，各方面取得了显著成就。

从这句看，好像1978年与开始改革开放的年份不同，后者晚于1978年。其实，1978年12月召开的党的十一届三中全会，就标志着我国进入改革开放新时期。也就是说，1978年我国开始改革开放。这句这样表达，明显与实际情况不符。

这句改为："1978年改革开放以来，我国经济社会快速发展，各方面取得了显著成就。"

例8：国庆节前，将组织开展对中华人民共和国成立前参加革命工作的老战士老同志，战争年代支前模范，老党员、烈士遗属、因公牺牲的党员干部家属，国家级功勋荣誉表彰奖励的先进模范人物以及时代楷模等的走访慰问活动，积极帮助他们解决实际困难。

从字面上看，似乎"中华人民共和国成立前参加革命工作的老战士老同志，战争年代支前模范，老党员、烈士遗属、因公牺牲的党员干部家属，国家级功勋荣誉表彰奖励的先进模范人物以及时代楷模等"都存在实际困难，这不符合现实状况。存在实际困难的可能是其中一部分人，甚至是少数人。这句中，"积极帮助他们解决实际困难"应改为"对有实际困难的积极帮助解决"。

例9：要通过加强干部队伍建设，推动干部工作作风、工作能力、工作精神状态实现新的飞跃。

作风、能力、精神状态"实现新的飞跃"，这不符合常识。作风、能力、精神状态只能说是改进、提升。

这句可以改为："要通过加强干部队伍建设，推动干部工作作风、工作能力、工作精神状态实现更大的改进和提升。"

第九节 其他方面

一、层级颠倒

公文在叙述法律法规、文件的名称，机关、单位的名称，领导同志职务、姓名等时，应体现从高到低、从大到小的层级原则，注意排列顺序。

试举几个层级颠倒的例子。

例1：本市要根据《中华人民共和国政府信息公开条例》《××市政府信息公开规定》以及《最高人民法院关于审理政府信息公开行政案件若干问题的规定》《国务院办公厅关于施行〈中华人民共和国政府信息公开条例〉若干问题的意见》等有关规定，审慎处理政府信息公开中遇到的问题，稳妥推进政府信息公开工作。

这句中，排列顺序不规范，把地方政府规章置于行政法规和国务院办公厅文件等的当中，显然不妥。

这句可以改为："本市要根据《中华人民共和国政府信息公开条例》《国务院办公厅关于施行〈中华人民共和国政府信息公开条例〉若干问题的意见》《最高人民法院关于审理政府信息公开行政案件若干问题的规定》《××市政府信息公开规定》等有关规定，审慎处理政府信息公开中遇到的问题，稳妥推进政府信息公开工作。"

　　例2：2001年上半年，全市各行各业按照市委七届八次全会精神，认真贯彻党中央、国务院的各项方针政策，团结奋进，密切协作，努力做好"十五"计划的开局工作。

　　这句中，"党中央、国务院的各项方针政策"高于地方会议精神，应放在前面。

　　这句可以改为："2001年上半年，全市各行各业认真贯彻党中央、国务院的各项方针政策，按照市委七届八次全会精神，团结奋进，密切协作，努力做好'十五'计划的开局工作。"

　　例3：根据市人大常委会关于进一步加强节能工作的决定和有关法律、法规，现提出进一步加强本市节能工作的若干意见如下：……

　　这里，法律、法规应该高于地方人大常委会的决定，将其放在地方人大常委会的决定后面不妥。

　　这句可以改为："根据有关法律、法规和市人大常委会关于进一步加强节能工作的决定，现提出进一步加强本市节能工作的若干意见如下：……"

二、句子内部结构不整齐

　　前面在讲到小标题时说过，在一个句子中，内部结构要尽可能保持一致，或者都是介宾式，或者都是偏正式，或者都是动宾式，或者都是主谓式。否则，就显得不整齐，阅读起来感到不通畅。

试举几个句子内部结构不整齐的例子。

例1：调查显示，机关青年当前的主要追求是，事业成功、家庭美满、增加收入、身体健康。

在这段话中，几个并列的词语结构不整齐。事业成功、家庭美满、身体健康都是主谓式，而增加收入是动宾式，句子不整齐。可以全部用主谓式。

这句改为："调查显示，机关青年当前的主要追求是，事业成功、家庭美满、收入增加、身体健康。"

例2：上海产品的市场占有率下降，不仅与上海建成"四个中心"的战略目标不相符，也不符合上海努力服务全国、在服务全国中求得自身发展的要求。

这句中，前面用了"与……不相符"，后面却用了"也不符合……"，不整齐。后面可以改为"也与……不相符"。

这句改为："上海产品的市场占有率下降，不仅与上海建成'四个中心'的战略目标不相符，也与上海努力服务全国、在服务全国中求得自身发展的要求不相符。"这样表达，前后句式一致，比较流畅。

例3：要全面清理土地转让、炒卖土地情况，坚决查处土地使用权转让和农民集体土地非法交易的行为。

这句中，"土地转让"为主谓结构，"炒卖土地"为动宾结构，前后不一致。可以将"炒卖土地"改为"土地炒卖"，使其同属主谓结构。

这句改为："要全面清理土地转让、土地炒卖情况，坚决查处土地使用权转让和农民集体土地非法交易的行为。"

例4：要妥善处理清理乡村两级不良债务与农村合作基金会清理整顿、减轻农民负担、农村经济发展、保持农村稳定的关系。

这句中，"农村合作基金会清理整顿""农村经济发展"都是主谓结构，而"减轻农民负担""保持农村稳定"都是动宾结构，显得不整齐，可以改为都是动宾结构。

这句改为："要妥善处理清理乡村两级不良债务与清理整顿农村合作基金会、减轻农民负担、促进农村经济发展、保持农村稳定的关系。"

三、意思混乱

公文应该读起来使人一目了然，不应该使人弄不明白，以致影响执行或者办理。

试举几个意思混乱的例子。

例1：违反有关法律法规和本办法的规定，损害企业合法权益的有关人员，应当对企业损失予以一定赔偿，并追究相应法律责任。

从字面上看，这句话的意思是，损害企业合法权益的有关人员除了对企业损失予以赔偿外，还要追究企业的法律责任，明显违反本意。

这句可以改为："有关人员违反有关法律法规和本办法的规定，损害企业合法权益，应当对企业损失予以一定赔偿，并承担相应法律责任。"

例2：本市加强食品安全的《实施意见》，主要是对过去相关文件中不够明确的事项、操作中难以界定的职责、实践中暴露出的制度缺陷和监管漏洞问题加以明确和完善。

这句中，对"不够明确的事项""难以界定的职责"加以明确和完善是可以的，对"制度缺陷和监管漏洞问题"加以明确和完善就说不通。

这句可以改为："本市加强食品安全《实施意见》，主要是对过去相关文件中不够明确的事项、操作中难以界定的职责加以明确和完善，对实践中暴露出的制度缺陷和监管漏洞问题加以解决。"

四、语气不妥

一般来说，对上级行文使用祈求式语气，对平级行文使用商洽式语气，对下级行文使用命令式语气。但有的公文在语气上出现问题。

试举几个语气不妥的例子。

例1：××市××局《关于报请批准本市高级公路收费站点设置及收费信息公开的请示》中提出：

为了加强高速公路收费管理，进一步规范收费行为，我局决定，在本市高速公路设置16个收费站点，并实行收费信息公开，具体方案为……

以上可否，请审批。

从标题和正文内容来看，对本市高速公路设置多少收费站点及是否实行收费信息公开，需要报请上级批准。

但文内却使用"决定"这个词，与请示的要求不符。应将"决定"改为"拟"，这个"拟"，是准备、打算的意思。否则，既然已经决定，为何还要报批？此段可以改为：

为了加强高速公路收费管理，进一步规范收费行为，我局拟在本市高速公路设置16个收费站点，并实行收费信息公开，具体方案为……

以上可否，请审批。

例2：××市制订了《××保税港区管理办法（草案）》，因涉及邻省，按照约定，××市政府办公厅向××省政府办公厅发函，就该办法草案征求修改意见。不久，××省政府办公厅回函，对该办法草案提出了三点修改意见。经××市研究，认为前两条意见是合情合理的，可以接受，对第三条修改意见则无法接受。为此，××市政府办公厅复函给××省政府办公厅，表明这一态度。原稿为：

你们关于对《××保税港区管理办法（草案）》的修改意见的函收悉。对你们提出的三条修改意见，我们作了认真研究。前两条修改意见，我们准备予以采纳；第三条修改意见，我们坚决不予采纳。

这种写法，语气过于强硬，对方难以接受。告诉对方不采纳第三条意见是可以的，但有必要委婉地表达出来。后来，此稿修改为："你们关于对《××保税港区管理办法（草案）》的修改意见的函收悉。对你们提出的前两条修改意见，我们准备予以采纳；对第三条修改意见，我们倾向于维持原来的提法为好。"这样的修改，语气就平和得多，容易取得对方的认可。

五、题文不符

公文的标题，应该是对内容的概括，它覆盖内容，与内容是对应关系。如果题文脱节，标题就失去了存在的基础。

试举几个题文不符的例子。

例1：有一《××市人民政府办公厅关于商请签署共同推进农业现代化建设合作备忘录的函》（代拟稿），全文为：

××部办公厅：

为贯彻国务院有关文件精神，进一步加强本市与××部的合作，经研究，我市商请与××部签署《共同推进农业现代化建设合作备忘录》。为此，我市起草了《××部××市人民政府共同推进农业现代化建设合作备忘录（草案）》（见附件），请予审核。

特此致函并盼复。

××市人民政府办公厅

二〇一〇年×月×日

从标题上来看，是请求对方签署备忘录，而文中却是要求对方对备忘录（草案）进行审核并希望回复意见，这说明，该备忘录还没到签署的时候，只是在征求对内容的修改意见，显然，标题表达的意思与正文表达的意思不相符。可以将标题改为：《××市人民政府办公厅关于请予审核共同推进农业现代化建设合作备忘录（草案）的函》。正文里，可以在"请予审核"后补一句话，即"待《共同推进农业现代化建设合作备忘录》正式确定后，我市再与××部商定具体签署时间"。

例2：有一《××市人民政府办公厅关于进一步推进政务微博信息发布工作的通知》（代拟稿），正文开头写道：

按照中央关于加强和改进互联网管理工作的部署和市领导有关推进政务微博建设的要求，本市各部门、各区县都要积极筹办和开通运行政务微博，进一步推进与规范政务信息公开工作。现将有关事项通知如下：

从标题来看，各部门、各区县已经开通政务微博，此通知是要求大家进一步推进这项工作。而从正文开头这段来看，各部门、各区县还没有开通和运行政务微博（实际情况也是这样），通知是要求大家积极筹办政务微博，并使其开通运行。显然，这段的意思与标题不符。根据正文，该标题可以改为：《××市人民政府办公厅关于开办政务微博进一步推进信息发布工作的通知》。

例3：在《××市人民政府关于加快发展高科技产业的通知》（代拟稿）中，有这样一段：

四、完善科技立法，加强配合协作。各部门、各单位要强化全局观念和法治观念，全方位地加快技术创新，发展高科技，实现产业化进程。要充分发挥群众团体和民间组织的优势，鼓励他们为发展高科技产业贡献力量。要加强协作配合，采取有效措施，为技术创新和科技产业化发展提供良好服务。

这段中，根本就没有"完善科技立法"的内容，也属文不对题。可以将小标题"四、完善科技立法，加强配合协作"改为："四、发挥各方作用，加强配合协作"。

六、依据不确切

一个机关、单位发文，如果说明所依据的文件，这个文件只能是上级的，至少是平级的，不可以依据自己的文件，也不可以依据下级的文件。

试举一个依据不确切的例子。

《××市教育局关于做好校园保卫工作的通知》中提出：为了确保学校的教学秩序和师生的安全，根据本局关于加强校园安全管理通知的精神，现就做好校园保卫工作作如下通知：……

这里，该市教育局依据的是本局的文件，这是不恰当的。应将"根据本局关于加强校园安全管理通知的精神"改为"根据上级有关加强校园安全管理通知的精神"。

七、格式不规范

公文特别讲究格式规范，在本书第一章第三节中，已按照《党政机关公文格式》等的规定，对公文的格式规范，包括文头的规范、文中的规范、文尾的规范作了说明。但现在却不时发现，有的公文依然存在格式不规范的问题。

试举一个公文格式不规范的例子。

×××××股份有限公司文件

××安发[2019]024号   签发：×××

关于报请印发修订后的《×××港区市级基层应急管理单元突发事件应急预案（总案）》的请示

市应急局：

2016年《××市突发公共事件应急管理委员会关于明确×××港区市级基层应急管理单元牵头单位的通知》中，明确×××港区市级基层应急管理单元牵头单位为×××××股份有限公司。同年，市政府办公厅印发《×××港区市级基层应急管理单元突发事件应急预案（总案）》（以下简称《总案》），于2016年12月9日执行。

《总案》实施以来，为健全×××港区各种应急机制，提高应对突发事件和风险的能力，发挥了积极作用。

×××××股份有限公司作为应急管理单元牵头单位，前不久根据有关法律法规要求，结合应急单位成员机构调整变化等实际，选择专业安全服务机构对《总案》作了修订，现报上，请审定后印发各有关单位执行。

以上请示，请示复。

附件：《×××港区市级基层应急管理单元突发事件应急预

案（总案）》

（联系人：×××；联系电话：87654321）

×××××股份有限公司

2019年9月

主题词：安全　应急　预案　请示	
抄报：市国资委	
公司内：安全监督部	
打字员：×××	校对员：×××

（共印10份）

此公文的文头、文中、文尾，都有差错。

文头的差错：一是文号居于中间，应移至左边；文号中的括号用了方括号，应改为六角括号；文号中的序号，前面了多了个"0"，这是设虚位，应去掉。二是"签发"应改为"签发人"。

文中的差错：一是标题少了发文单位，应加上。二是主送单位前空了两格，应顶格。三是附件说明中的附件名称，多了书名号。四是附注标在落款之上，应移至成文日期之下。五是成文日期少了"日"，应写明年、月、日。

文尾的差错：一是标注了主题词，自2012年7月1日《条例》实施起，就已经取消了主题词，这里应删去主题词。二是"抄

报"应改为"抄送"。已经取消"抄报"，一律"抄送"。还有
"市国资委"后面要加上句号。三是"公司内：安全监督部"属
多余，应删去。在这栏里，左边应写印制单位，右边应写印发时
间。四是"打字员：×××"和"校对员：×××"属多余，应
删去，下面的一道黑线也相应删去。五是"（共印10份）"也属
多余，应删去。

此公文修改后的样式如下：

×××××股份有限公司文件

××安发〔2019〕24号　　　　　　　　　　　　　签发人：×××

×××××股份有限公司关于报请印发修订后的
《×××港区市级基层应急管理单元
突发事件应急预案（总案）》的请示

市应急局：

2016年《××市突发公共事件应急管理委员会关于明确
×××港区市级基层应急管理单元牵头单位的通知》中，明确
×××港区市级基层应急管理单元牵头单位为×××××股份有
限公司。同年，市政府办公厅印发《×××港区市级基层应急管
理单元突发事件应急预案（总案）》（以下简称《总案》），于
2016年12月9日执行。

　　《总案》实施以来，为健全×××港区各种应急机制，提高应对突发事件和风险的能力，发挥了积极作用。

　　×××××股份有限公司作为应急管理单元牵头单位，前不久根据有关法律法规要求，结合应急单位成员机构调整变化等实际，选择专业安全服务机构对《总案》作了修订，现报上，请审定后印发各有关单位执行。

　　以上请示，请示复。

　　附件：×××港区市级基层应急管理单元突发事件应急预案
　　　　　（总案）

×××××股份有限公司

2019年9月×日

　　（联系人：×××；联系电话：87654321）

抄送：市国资委。

×××××股份有限公司办公室　　　　　　　　2019年9月×日

第十节　标点符号方面

标点是文章的"五官"。根据2011年12月30日国家质量监督检验检疫总局、国家标准化管理委员会发布，2012年6月1日起实施的中华人民共和国国家标准《标点符号用法》，我国现行标点符号共17种。其中，标号10种，即引号、括号、破折号、省略号、着重号、书名号、间隔号、连接号、专名号、分隔号；点号7种，即顿号、逗号、分号、冒号、句号、问号、叹号。标号主要标明性质、作用，点号主要表明语气、停顿。对标号、点号如何使用，《标点符号用法》都作了明确规定。

试举几个标点符号方面差错的例子。

例1：商业部门要抓住今年市场气氛好转、元旦、春节将至、收入增加等各种机遇，组织好市场供应。

这句中，"元旦"后面的顿号应改为"和"，这样，让"元旦和春节将至"与"市场气氛好转、收入增加"构成并列关系，否则，"元旦"与"市场气氛好转""春节将至""收入增加"成了并列关系。如果保留"元旦"后面的顿号，可以将"市场气氛好转"和"春节将至"后面的顿号分别改为逗号，即："商业部门要抓住今年市场气氛好转，元旦、春节将至，收入增加等各种机遇，组织好市场供应。"

例2：在沪期间，外宾们参观了南浦、杨浦大桥、东方明珠。

这里，应将"杨浦大桥"后面的顿号改为逗号，或者在"南浦"后面加上"大桥"二字。否则，"南浦"与"杨浦大桥""东方明珠"并列，会使不熟悉上海情况的读者不知道"南浦"是什么。

这句可以改为："在沪期间，外宾们参观了南浦、杨浦大桥，东方明珠。"也可以改为："在沪期间，外宾们参观了南浦大桥、杨浦大桥和东方明珠。"

例3：这次安全生产大检查的重点，是易燃易爆和有毒有害物品的生产、运输、储存、使用的企业、民航、铁路、水运企业和重大工程设施以及建筑施工现场。

这句中，前一个"企业"后面的顿号应改为逗号，说明这是易燃易爆和有毒有害物品的生产、运输、储存和使用的企业。否则，便成了仅仅是使用的企业，且与生产、运输、存储相并列，这不符合原文意思。改为逗号后，就能准确地反映出前一个"企业"与后面的"企业""施工现场"是并列关系。

这句改为："这次安全生产大检查的重点，是易燃易爆和有毒有害物品的生产、运输、储存、使用的企业，民航、铁道、水运企业和重大工程设施以及建筑施工现场。"

例4：市技监部门要加强对各区县和各有关部门打假工作的

监督检查，对打击不力、限期内达不到整治目标的，要追究当地行政责任人的责任，造成重大损失或恶劣影响的，要给予行政处罚，触犯刑律的，要移送司法机关依法追究刑事责任。

这句中，"追究当地行政责任人的责任""给予行政处罚""追究刑事责任"构成三个分句，"追究当地行政责任人的责任""给予行政处罚"后面的逗号都应改为分号。否则，从标点符号上，看不出这三者是并列关系。

这句改为："市技监部门要加强对各区县和各有关部门打假工作的监督检查，对打击不力、限期内达不到整治目标的，要追究当地行政责任人的责任；造成重大损失或恶劣影响的，要给予行政处罚；触犯刑律的，要移送司法机关依法追究刑事责任。"

例5：这次本市出台拥军优抚安置几项政策措施，体现了市委、市政府和××警备区贯彻党中央、国务院、中央军委对这项重要工作要求的决心；也体现了我们军民共同做好拥军优抚安置工作的信心。

在点号中，顿号停顿时间最短，稍长的是逗号，较长的是分号，再长的是句号、问号、叹号，有一定弹性的是冒号。这句中，"决心"后面用了分号，显得停顿时间长了一点，用逗号即可。

这句改为："这次本市出台拥军优抚安置几项政策措施，体现了市委、市政府和××警备区贯彻党中央、国务院、中央军委对这项重要工作要求的决心，也体现了我们军民共同做好拥军优抚安置工作的信心。"

例6：这次办展，以转变经济增长方式、走资源节约型、环境友好型工业化道路为宗旨。

这句中，要表述的这次办展宗旨有两点：一是"转变经济增长方式"，二是"走资源节约型、环境友好型工业化道路"。但从两个顿号的使用来看，这次办展的宗旨成了三点：一是"转变经济增长方式"，二是"走资源节约型"，三是"环境友好型工业化道路"，显然说不通。第一个顿号可以改成逗号，表示停顿时间长些，或者将第二个顿号去掉，加上"和"字。

这句可以改为："这次办展，以转变经济增长方式，走资源节约型、环境友好型工业化道路为宗旨。"或者改为："这次办展，以转变经济增长方式、走资源节约型和环境友好型工业化道路为宗旨。"

例7：让广大教师在岗位上有幸福感、事业上有成就感，社会上有荣誉感，真正让教师成为令人羡慕的职业。

这句中，"岗位上有幸福感""事业上有成就感""社会上有荣誉感"三者是并列关系，既然在"岗位上有幸福感"后面用了顿号，那么"事业上有成就感"后面也应该用顿号，这样才体现出三者的并列关系。而现在"事业上有成就感"后面却用了逗号，逗号停顿时间要比顿号长，这容易使读者误认为"岗位上有幸福感、事业上有成就感"与"社会上有荣誉感"两者为并列关系。

这句可以改为："让广大教师在岗位上有幸福感、事业上有成就感、社会上有荣誉感，真正让教师成为令人羡慕的职业。"

例8：要真正做到人人为城市美化、净化出力，户户为城市增绿添美尽力。

这句中，"美化""净化"中间用了顿号，说明是两种情景，而"增绿"与"添美"之间因为没有顿号，给读者感觉是一种情景，这与前面就不对称。加了顿号后，更能反映出"增绿"与"添美"也是两种情景。

这句改为："要真正做到人人为城市美化、净化出力，户户为城市增绿、添美尽力。"

例9：一方面，要加快经济发展，另一方面，要保持社会稳定。

这句中，"一方面……"与"另一方面……"为并列关系。"一方面"后面用了逗号，"要加快经济发展"后面的逗号就需要改为分号，分号的停顿时间比逗号长。这样，才显示出这两方面是并列关系。如果将第二个逗号改为句号也可以，句号停顿的时间比逗号更长。但有一点，"杀鸡不用宰牛刀"。

这句可以改为："一方面，要加快经济发展；另一方面，要保持社会稳定。"

例10：参保人员中，享受本市城镇居民最低生活保障的家庭成员、以及本办法所指的城镇高龄老人、职工老年遗属、重残人员等的个人缴费，由政府给予补贴。

这里，"家庭成员"后面的顿号应改为逗号。因为这句中，前面的"家庭成员"属一种类型，其中包括老年人、中年人和孩子，均为享受本市城镇居民最低生活保障对象。而后面的"高龄老人""职工老年遗属""重残人员"均为城镇人员，它们构成了另一种类型。两者是并列关系，如果"家庭成员"后面用顿号，就与"城镇高龄老人""职工老年遗属""重残人员"并列，那么"城镇"就覆盖不了"职工老年遗属"和"重残人员"。这样，"职工老年遗属"和"重残人员"就不一定是城镇人员，意思就有了偏差。

这句改为："参保人员中，享受本市城镇居民最低生活保障的家庭成员，以及本办法所指的城镇高龄老人、职工老年遗属、重残人员等的个人缴费，由政府给予补贴。"

例11：要探索建立审计结果和审计整改落实情况与被审计领导考核、任免、奖惩相结合、经济责任审计责任界定与问责、追责相衔接的工作机制，做到审慎定责、严肃问责。

　　这句中，要探索建立的工作机制由两部分构成，一是"……相结合"，二是"……相衔接"，这两者才是并列关系，故"……相结合"后面，应用逗号，逗号的停顿时间比顿号长。但现在却用了顿号，似乎工作机制由"考核、任免、奖惩相结合、经济责任审计责任界定与问责、追责"五个部分构成，这就造成了层次不明。

　　这句改为："要探索建立审计结果和审计整改落实情况与被审计领导考核、任免、奖惩相结合，经济责任审计责任界定与问责、追责相衔接的工作机制，做到审慎定责、严肃问责。"

　　例12：对我们来说，"立身百行，以学为基。"

　　这里，句号应放在引号的外面。句号属于点号。按照标点符号的用法，凡是独立引用的话，末尾的点号放在引号的里面；凡是把引用的话作为作者的话的一部分，末尾的点号放在引号的外面。这句话由两部分组成：一部分是作者的话，"对我们来说"；另一部分是引用的话，"立身百行，以学为基"。这两部分连在一起，末尾的句号应放在引号的外面。如果"立身百行，以学为基"独立成句，末尾的句号则应放在引号的里面。

　　例13：新来的这位大学生，年龄二十三、四岁。

　　按照惯例，表示概数的两个相邻数之间，不用顿号。否则，会引起歧义。这句中，"二十三"后面出现顿号，容易使读者理解为这位大学生，年龄不是二十三岁，就是四岁，显然说不通。

这句改为："新来的这位大学生，年龄二十三四岁。"

例14：为了有效预防、及时控制和消除突发公共卫生事件及其可能造成的危害，根据《中华人民共和国传染病防治法》、《突发公共卫生事件应急条例》、《国家突发公共卫生事件应急预案》，制定本预案。

几组书名号之间，按照规定，不需要使用顿号。这句中，两个顿号都可以删去。

例15：由市住房城乡建设管理、水务、交通、环保、绿化市容等部门，按照各自职责建立相关领域海绵设施运行维护管理标准和制度。

"……部门"后面用了逗号，读起来感到句子被断了开来，这里的逗号应移至"……职责"后面。

这句改为："由市住房城乡建设管理、水务、交通、环保、绿化市容等部门按照各自职责，建立相关领域海绵设施运行维护管理标准和制度。"

例16：有关部门提出，要通过打造优势特色产业集群、建设产业融合发展平台、提升休闲农业和乡村旅游水平持续推动农村一二三产业融合发展。

这句中，打造优势特色产业集群、建设产业融合发展平台、提升休闲农业和乡村旅游水平为3项措施，目的是持续推动农村一二三产业融合发展。因此，必须在"提升休闲农业和乡村旅游水平"后加上逗号，这样措施与目的才能分隔开来。否则，整个句子读不通。

这句应改为："有关部门提出，要通过打造优势特色产业集群、建设产业融合发展平台、提升休闲农业和乡村旅游水平，持续推动农村一二三产业融合发展。"

例17：《关于切实改进机关作风的实施意见》已经局党组同意。现印发给你们，请认真执行。

这句中，第一个句号必须改为逗号，否则，句子的意思不相连，造成"印发给你们"的对象不很明确。

这句应改为："《关于切实改进机关作风的实施意见》已经局党组同意，现印发给你们，请认真执行。"

例18：这里，提出以下三点要求：

（一）明确分工、落实责任；

（二）夯实基础，扎实推进。

（三）及时总结，不断完善。

这段中，有几个点号使用不当。（二）（三）中的句子当中都用了逗号，而（一）中的句子当中却用了顿号，停顿时间不一致，应予统一。（一）（二）（三）中的句子，或者当中都用顿号，或者当中都用逗号。还有，（一）（二）句子的末尾，前者使用了分号，后者却使用了句号，停顿时间也不一致，也应予以统一。（一）（二）句子的末尾，或者都用分号，或者都用句号。

这段可以改为：

这里，提出以下三点要求：

（一）明确分工，落实责任。

（二）夯实基础，扎实推进。

（三）及时总结，不断完善。

例19：这次会议，主要是就进一步做好食品安全工作进行再动员、再部署。刚才，大家观看了警示片，几个单位作了交流发言，有关部门布置了当前食品安全重点工作，请大家认真落实。

这段后一句中，"认真落实"的，应是布置的"当前食品安全重点工作"，但从字面上看，好像观看警示片、交流发言和当前食品安全重点工作都是"认真落实"的对象。故"几个单位作了交流发言"后面的逗号，应改为分号，如果改为句号也可以。这样，将观看警示片、作交流发言与布置重点工作隔开来，"认真落实"的对象就不会产生歧义。

这段后一句可以改为："刚才，大家观看了警示片，几个单位作了交流发言；有关部门布置了当前食品安全重点工作，请大家认真落实。"

参考文献

1.中央办公厅、国务院办公厅关于印发《党政机关公文处理工作条例》的通知（中办发〔2012〕14号）

2.《党政机关公文格式》，中华人民共和国国家质量监督检验检疫总局、中国国家标准化管理委员会2012年发布

3.全国干部培训教材编审指导委员会组织编写：《汉语语言文字基本知识读本》，人民出版社，2002年版

4.《人民日报》《光明日报》等媒体刊登的有关报道和文章

5.殷开：《毛泽东："看邓小平的报告好像吃冰糖葫芦"》，《党的文献》2010年第5期

6."中国上海"门户网站刊登的有关文件

7.《上海年鉴（2018年）》

8.《旗帜》杂志2019年第9期

后记

  《公文写作点津（增订版）》的出版，得到了领导的关心和指导，也得到了上海市人民政府办公厅、上海市语言文字工作委员会办公室、《机关动态》杂志编辑部、《咬文嚼字》杂志编辑部等单位有关同志的支持和帮助。正是大家的鼓励和助力，才使得笔者能够比较顺利地向出版单位"交卷"。深情厚意，铭感五内；借此机会，谨致谢忱。

  尽管做了增订，但笔者学识有限，书中难免存在不足之处，恳请读者朋友批评指正。

王永鉴

2021年1月于沪上

图书在版编目（CIP）数据

公文写作点津/王永鉴著. -- 增订本. -- 上海：
上海文化出版社, 2021.5 (2024.11 重印)
ISBN 978-7-5535-2273-9

Ⅰ.①公… Ⅱ.①王… Ⅲ.①公文－写作－教材
Ⅳ.① H152.3

中国版本图书馆 CIP 数据核字 (2021) 第 068078 号

公文写作点津（增订版）

王永鉴 著

责任编辑：蒋逸征
装帧设计：王怡君

出　　版：上海文化出版社　　上海咬文嚼字文化传播有限公司
地　　址：上海市闵行区号景路 159 弄 A 座 2—3 楼
邮　　编：201101
发　　行：上海市闵行区号景路 159 弄 A 座 206 室
印　　刷：上海新艺印刷有限公司
规　　格：890×1240 1/32
印　　张：8.375
版　　次：2021 年 6 月第 1 版　2024 年 11 月第 9 次印刷
书　　号：ISBN 978-7-5535-2273-9/H.048
定　　价：45.00 元

告读者：如发现本书有印刷质量问题请与印刷厂质量科联系
电　话：021-33854186